MW01199988

TRAMITACION ADMINISTRATIVA EN ADUANAS

Venancio E. Serrano P.

DEDICATORIA

A Carlos, Esteban y Vanessa, quienes son la razón de ser de mi vida y de todo lo que he hecho.

A mi hermano Alfonso y a Beby, gracias por todo su apoyo y amistad.

"El futuro tiene muchos nombres. Para los débiles es lo inalcanzable. Para los temerosos, lo desconocido. Para los valientes es la oportunidad".

Victor Hugo

CONTENIDO

Código

Administrativo

Artículo 1941

"Es permitido a todos reproducir las Leyes y reglamentos y demás actos públicos con la obligación de conformarse puntualmente con la edición oficial, sin que los editores queden autorizados para alterar la enumeración auténtica de las ediciones legales".

*"A quien teme preguntar,
le avergüenza aprender".*

Proverbio danés

INTRODUCCIÓN

La Autoridad Nacional de Aduanas es el órgano superior del servicio aduanero nacional. Es la entidad del estado encargada de controlar, vigilar y fiscalizar el movimiento de personas, mercancías y medios de transporte a través de los puertos, aeropuertos y fronteras del país.

Realiza sus funciones a través de los órganos ejecutores conocidos como Administraciones Regionales de Aduana, las cuales se distribuyen por todo el territorio nacional.

Los Administradores Regionales de Aduana, son funcionarios con mando y jurisdicción en su respetiva zona, imparten justicia administrativa y penal, en primera instancia.

Cada Administración Regional de Aduanas debe estar organizada de forma que conduzca y ejecute, las directrices que recibe de la Dirección General y está investida legalmente de la potestad que le permite instruir sumarios, citar a contribuyentes, testigos e interesados, a fin de que se conozca la verdad material en cada caso y conducirse cuando la ley lo señala, como un juzgado administrativo y penal.

El superior jerárquico de los administradores regionales de aduana lo es el Director General de la Autoridad Nacional de Aduanas, y es a este funcionario a quién corresponde solventar las diferencias en segunda instancia, a través de la Comisión de Apelaciones de la Dirección General de Aduanas (hoy Autoridad Nacional de Aduanas), en el ámbito Penal.

Técnicamente, la Comisión de Apelaciones es un ente autónomo de la Dirección General, sin embargo, todos los funcionarios que la integran son subordinados de la Autoridad Nacional de Aduanas y a ella responden.

Sin embargo, en el área administrativa, esa segunda instancia se ventila ante la Comisión Arancelaria del Ministerio de Economía y Finanzas (antes Ministerio de Hacienda y Tesoro) y el día de hoy, ante el Tribunal Aduanero.

Con el desarrollo y evolución de la Aduana, se han ido perdiendo las guías formativas que normalmente capacitaban a los funcionarios y a los particulares, en cuánto a la forma y el fondo como deben tramitarse las diferentes destinaciones aduaneras, así como los procedimientos administrativos que deben cumplirse para la correcta aplicación de la Ley, en cuánto a las discrepancias que surgen en el diario manejo de cargas a través de la aduana.

Trataremos de explicar con el mayor detalle posible, el papel que, de acuerdo a la Ley, le corresponde a los agentes corredores de aduanas en el trámite aduanal, de manera que sea más sencillo comprender las funciones que deben desempeñar ante los funcionarios de la Autoridad Nacional de Aduanas.

Venancio E. Serrano P.

PRÓLOGO

Hasta el año 1992, las Administraciones Regionales de Aduanas contenían dentro de su organigrama, una "oficina central de liquidaciones", la cual tramitaba físicamente las declaraciones de aduanas, confeccionadas por los agentes corredores de aduana, y que en ese entonces se confeccionaban en máquinas de escribir, puesto que todo el trámite era manual.

Esta oficina estaba organizada en las secciones de.

1.- **Ventanilla de recepción de documentos:** que verificaba todos los documentos que debían acompañar a la declaración, los cuales eran, conocimiento de embarque, factura comercial, factura consular, lista de empaque y las licencias que fuesen necesarias (cuarentena, salud, licores, seguridad, bomberos, etc.).

2.- **Liquidadores**: Eran los funcionarios encargados de verificar que todos los cálculos aritméticos de la declaración fuesen correctos, de haber errores, el documento era rechazado para ser corregido.

3.- **Aforadores**: Eran los funcionarios encargados de verificar el aforo correcto de las mercancías declaradas. Asimismo, verificaban la fecha en que la factura había sido presentada ante el cónsul en el país de exportación y si aplicada la multa por presentación tardía.

4.- **Valoradores:** Eran los funcionarios encargados de verificar los valores de las mercancías, los cuales debían cumplir con la definición del valor de Bruselas (GATT).

5.- **Perforadores**: Eran los funcionarios encargados de asignar el número de orden de cada declaración de aduanas tramitada, el cual se convertía en el número legal de esa declaración, para los fines fiscales.

Una vez la declaración pasaba estos cinco filtros, era devuelta al agente corredor de aduanas para que procediera al pago de los impuestos en el Banco Nacional de Panamá. Dicho pago se registraba (franqueaba) sobre el mismo formulario de la declaración de aduanas, no existían las boletas de pago.

Estas centrales de liquidación eran verdaderas "escuelas", puesto que permitían a los funcionarios de aduana y a los agentes corredores de aduanas sin experiencia, conocer y familiarizarse con los documentos requeridos para cada trámite y la forma en debían ser presentados a la aduana, para ser procesados y aceptados.

Sin embargo, en el año de 1992, aduanas lanza un programa de modernización e informatización con miras a tener un mejor control de las mercancías que se mueven a través de nuestro país. Para ello se implementa el programa informático "SIDUNEA", y se lanza como plan piloto en la oficina central de liquidaciones del Aeropuerto Internacional de Tocumen.

Empieza así una nueva era en aduanas con la informatización de los procesos de forma paulatina y luego en su totalidad.

Ese mismo progreso, ha causado que propios y extraños hayan perdido la oportunidad de conocer y familiarizarse a cabalidad los documentos y los trámites que deben cumplirse para un régimen específico, o la forma en que debe recurrirse una discrepancia de aforo, una resolución de valor o cualquiera otro trámite administrativo que surja dentro de nuestras labores diarias, esta obra trata de responder esas interrogantes.

Venancio E. Serrano P.

TRAMITACIÓN ADMINISTRATIVA
EN ADUANAS

Al hablarse de trámites sobre movimiento internacional de mercancías, inmediatamente nos vienen a la mente, los agentes corredores de aduana, quienes normalmente y como auxiliares de la gestión pública, hacen esa labor ante las aduanas.

El agente corredor de aduanas es un micro o pequeño empresario, que al desarrollar su labor da empleo, en la República de Panamá, a algo más de diez mil personas, de forma directa e indirecta.

Su formación se lleva a cabo en la Universidad de Panamá, a través de la carrera de Administración Pública Aduanera, sin embargo, esta carrera no forma agentes corredores de aduanas, sino, administradores públicos aduaneros. Por esa razón, aquellos egresados que optan por la idoneidad de agente corredor de aduanas no reciben la formación teórico-práctica que necesitan para desenvolverse en el campo profesional.

Al incursionar profesionalmente en el medio empresarial, sin la formación requerida, quedan sujetos a las malas prácticas de comerciantes inescrupulosos que les ofrecen un salario o la compra de formularios de liquidaciones de aduanas firmados

17

en blanco, lo que les acarrea la cancelación de la idoneidad, en ambos casos e incluso la interposición de procesos administrativos o penales aduaneros.

Por ello, es muy importante situarnos en la posición del agente corredor de aduanas, ante los comerciantes, que son sus clientes, y el Estado, que celosamente lo vigila.

Empezaremos por definir qué significa este término, sus alcances y deberes ante sus clientes, el Estado y sus colegas, a fin de comprender el alcance de esta profesión.

Los agentes corredores de aduanas:

Los agentes corredores de aduanas constituyen el eslabón más importante en la cadena de movimiento de mercancías a través de las aduanas nacionales.

De acuerdo a la ley, son auxiliares de la gestión pública aduanera, esto es, son los encargados de declarar ante la aduana, las mercancías que se mueven a través de ellas, de forma que las mismas sean correctamente clasificadas y paguen los impuestos que en justicia, deben pagar. El agente corredor de aduanas se constituye así en ministro de fe, una especie de notario que garantiza con su firma, experiencia, conocimiento y profesionalismo, la veracidad de todo lo contenido en una declaración de aduanas, en cuanto al aforo documental, puesto que normalmente, el agente corredor de aduanas no ve físicamente la mercancía.

En ese sentido, el Decreto Ley 1 de 13 de febrero de 2008, establece normativas de conducta ética que obligatoriamente tienen que cumplir todos los agentes corredores de aduana, <u>so pena de que se les cancele su licencia de idoneidad</u>, tal cual lo señala el artículo 1 de la Ley 2 de 7 de enero de 2016, que modifica artículos del Decreto Ley 1 de 13 de febrero de 2008, en su numeral 17;

17. Aplicar los honorarios por la prestación de los servicios de agente corredor de aduana, según la tarifa de honorarios establecida en el artículo 45ª.

El cumplimiento del cobro de la tarifa establecida en la Ley les garantiza a todos los agentes corredores de aduanas un ingreso decoroso, acorde con su grado de profesionalización, de manera que mantenga su independencia y objetividad al desarrollar sus funciones. Y esto es así porque el agente corredor de aduanas, además de ser un profesional universitario, debe mantenerse al tanto y aplicar los cambios de la legislación que afectan directamente a su profesión e incluso, a asistir a un seminario anual **obligatorio**, dictado por la Autoridad Nacional de Aduanas. No olvidemos que todo agente corredor de aduanas es responsable y solidario ante la Ley por las declaraciones de aduana que refrenda (que firma).

Por ello, el agente corredor de aduanas debe mantener una relación profesional de respeto para con su cliente, sin sacrificar su independencia de criterio. El profesional que decide la clasificación de una mercancía es el agente corredor de aduanas, no su cliente, y esto es así porque al momento de surgir una discrepancia entre lo declarado y la mercancía físicamente presentada a despacho, quién tiene que sustentar y justificar la clasificación jurídicamente, es el agente corredor de aduanas.

Muchas veces hemos visto como agentes corredores de aduanas han sido condenados a pagar multas administrativas, han sufrido la cancelación de su idoneidad e incluso la cárcel, por una mala clasificación arancelaria, por utilizar facturas subvaloradas o con un país de origen declarado que no es el correcto, esto conduce a delitos de contrabando o defraudación aduanera, los cuales son severamente penalizados en Panamá.

Las actuaciones de los agentes corredores de aduanas están reguladas por diferentes leyes, decretos de gabinete, decretos leyes y resoluciones administrativas, que le señalan la forma en la cual debe conducirse y cuáles son las sanciones que se le impondrán si no cumple con estos. Por ello, la mayor preocupación de todo agente corredor de aduanas debe ser, el conocer y dominar las normas que regulan su profesión, esto es, su forma de vida, de la que dependen él, su familia y sus colaboradores. Veamos a continuación, cuales son estas normas. Además del Decreto Ley 1 de 13 de febrero de 2008, los agentes corredores de aduanas también están obligados a cumplir y obedecer lo preceptuado en el Código de Ética y Conducta que regula nuestra profesión, el cual está contenido en el Decreto de Gabinete No. 29 de 18 de agosto de 2004

Este código de ética y conducta regula no sólo a los agentes corredores de aduanas, sino también a los funcionarios de la Autoridad Nacional de Aduanas, así como a los sujetos pasivos de la obligación aduanera y los intermediarios de la gestión pública aduanera, el mismo tipifica las faltas y establece las sanciones que corresponden aplicarse.

Veamos ahora, cómo definen el Código Aduanero Uniforme Centroamericano (CAUCA) y la Ley nacional, al agente corredor de aduanas además de cuales funciones y responsabilidades le asigna:

CAUCA Artículo 22. Agente aduanero: El agente aduanero es el Auxiliar autorizado para actuar habitualmente, en nombre de terceros en los trámites, regímenes y operaciones aduaneras, en su carácter de persona natural, con las condiciones y requisitos establecidos en este Código y su Reglamento.

La autorización para operar como agente aduanero es personal e intransferible. Únicamente podrá hacerse representar por sus asistentes autorizados por el Servicio Aduanero.

La intervención del agente aduanero o sus asistentes en los trámites, regímenes y operaciones aduaneras será regulada por el Reglamento.

Artículo 23. Solidaridad del agente aduanero El Agente aduanero será solidariamente responsable con el declarante ante el Fisco, por el pago de las obligaciones tributarias aduaneras derivadas de los trámites, regímenes u operaciones en que intervenga y por el pago de las diferencias, intereses, multas, recargos y ajustes correspondientes.

La Ley nacional (Decreto Ley 1 de 13 de febrero de 2008), por su parte, nos da la siguiente definición:

Artículo 39. Agente corredor de aduana. El agente corredor de aduana es el profesional auxiliar de la gestión pública aduanera, con licencia de idoneidad, autorizado por La Autoridad para actuar, en su carácter de persona natural, con las condiciones y requisitos establecidos en el presente Decreto Ley. Es el único autorizado para actuar por cuenta de terceros, ante cualquier oficina aduanera del país, en la confección, refrendo y trámite de las destinaciones aduaneras, así como para realizar las gestiones conexas concernientes a éstas.

Parágrafo. Se reconocen como licencias de idoneidad válidas, en los términos en que fueron concedidas, las de agentes corredores de aduana que se encuentren vigentes al momento de la promulgación del presente Decreto Ley.

De lo expresado en la Ley, podemos entonces extraer los siguientes enunciados:

1. El agente corredor de aduanas es **una persona natural** (aunque pueden existir sociedades de agentes acorredores de aduana).

2. **Es un auxiliar de la gestión pública aduanera**, lo que lo convierte en un cuasi funcionario público, de ahí la capacidad de dar fe acerca de lo declarado en una liquidación de aduanas.

3. Es **el único autorizado** para actuar por cuenta de terceros ante cualquier oficina aduanera del país. Esto indica claramente que, toda persona o empresa que se haga pasar como agente corredor de aduanas, está sujeto a las sanciones establecidas en la Ley 2 de 7 de enero de 2016, en su artículo 4, que modificó al artículo 51 del Decreto Ley 1 de 13 de febrero de 2008 y que señala:

- **Artículo 51. Restricción;** Solamente la persona natural o jurídica con licencia de idoneidad de agente corredor de aduana podrá anunciarse como tal o bajo otra denominación que pueda entenderse así o efectuar trámites que están reservados para la profesión. <u>La violación de esta disposición será sancionada por la Autoridad con multa desde cinco mil (5,000.00) hasta diez mil balboas (10,000.00).</u>

Es igualmente importante señalar que el Código Penal, también tipifica como delito el ejercicio ilegal de una profesión, tal como se expresa en el artículo 377 que a la letra dice:

Artículo 377, quién ejerza una profesión para la cual se requiere idoneidad o habilitación especial, sin haberla obtenido, será sancionado con prisión de dos a cinco años. **(Código Penal de la República de Panamá).** Todas estas protecciones que la Ley ha establecido para el ejercicio de la profesión de agente corredor de aduanas responden a lo delicado de este ejercicio y a las exigencias que deben cumplir estos profesionales. Al ser un profesional que no puede ser asalariado, esto es, no puede ser empleado de ninguna empresa, salvo la suya propia, tampoco puede dedicarse a ejercer el comercio, solo le queda obtener su sustento con los ingresos que logre a través de sus clientes, al dedicarse a la enseñanza o ser elegido en un cargo de elección popular.

El Código Aduanero Uniforme Centroamericano (CAUCA) y la Ley nacional (Decreto Ley 1 de 13 de febrero de 2008), también definen los conceptos de auxiliares e intermediaros de la gestión pública aduanera, a saber:

CAUCA: Artículo 18. Concepto de auxiliares; Se consideran auxiliares de la función pública aduanera, las personas naturales o jurídicas, públicas o privadas, que participan ante el Servicio Aduanero en nombre propio o de terceros, en la gestión aduanera.

Artículo 19. Auxiliares previstos
Son auxiliares:
a) **los agentes aduaneros;**
b) los depositarios aduaneros;
c) los transportistas aduaneros; y,
d) los demás que establezca el Reglamento.

Decreto Ley 1: Artículo 36. Concepto de auxiliares e intermediarios.

Se consideran auxiliares e intermediarios de la gestión pública aduanera, las personas naturales o jurídicas, públicas o privadas, que actúan ante La Autoridad, en nombre propio o de terceros, perfeccionando regímenes aduaneros o realizando actividades propias de comercio exterior.

Son auxiliares de la gestión pública aduanera los agentes corredores de aduana, y son intermediarios de la gestión aduanera los depositarios aduaneros, los transportistas aduaneros, los operadores internacionales de carga, las empresas de envío expreso y aquellos que se reconozcan por los reglamentos dictados en desarrollo del presente Decreto Ley.

Como podemos constatar, si surgieran diferencias entre lo normado por el CAUCA y la ley nacional, en este caso, se aplica el CAUCA y su reglamento, la ley nacional solo se aplica si existe un vacío no previsto en el CAUCA.

Para Panamá, y de acuerdo a nuestra Ley nacional, solo los agentes corredores de aduanas son auxiliares de la gestión pública aduanera, para el CAUCA, además de los agentes corredores de aduana, lo son también:

-los depositarios aduaneros
-los transportistas aduaneros, y
-los demás que establezca el Reglamento

Esta inclusión de los auxiliares que no existían en nuestra legislación por parte del CAUCA se debe a las características propias del desarrollo del comercio en centro américa.

Lo más importante dentro de la función de auxiliar de la gestión pública aduanera, de los agentes corredores de aduanas, lo es el estar completamente seguros de la certeza de lo que declaran en una liquidación de aduanas. Ello es así, porque la partida arancelaría anotada en la declaración de aduanas, es la que determina el correcto pago de los tributos que correspondan a la mercancía declarada. Pagar impuestos de más, encarecerá el producto al usuario final, que somos todos. Pagar impuestos de menos, ocasionará faltas y hasta delitos aduaneros, que se sancionan con multas y hasta cárcel.

Por ello, la Ley nacional obliga al agente corredor de aduanas a estar completamente seguro de que su declaración es cierta y correcta, tal cual lo establece el artículo 40 del Decreto Ley 1 de 13 de febrero de 2008:

Artículo 40. Certeza del contenido de lo declarado. Los agentes corredores de aduana darán fe, ante La Autoridad, sobre la información que registren en las declaraciones y los documentos que la sustentan, recibidas del consignatario. Todo ello, sin perjuicio de la verificación que pueden practicar los funcionarios de aduanas, en cualquier momento, para corroborar lo manifestado por el agente corredor de aduana.

Para poder efectuar una clasificación arancelaria correcta y en acuerdo a la Ley, el agente corredor de aduanas debe tener la documentación comercial que ampara o respalda la operación de que se trate, a saber, importación, tránsito, devolución al exterior, reexportación, etc. En ese sentido, es fundamental conocer cuales documentos deben amparar una declaración de aduanas de acuerdo con el Reglamento al Código Aduanero Uniforme Centroamericano (RECAUCA) y estos son:

Artículo 321. Documentos que sustentan la declaración de mercancías. La declaración de mercancías deberá sustentarse, según el régimen aduanero de que se trate, entre otros, en los documentos siguientes:

a) Factura comercial cuando se trate de una compraventa internacional, o documento equivalente en los demás casos;

b) Documentos de transporte, tales como: conocimiento de embarque, carta de porte, guía aérea u otro documento equivalente;

c) Declaración del valor en aduana de las mercancías, en su caso;

d) Certificado o certificación de origen de las mercancías, cuando proceda;

e) Licencias, permisos, certificados u otros documentos referidos al cumplimiento de las restricciones y regulaciones no arancelarias a que estén sujetas las mercancías, y demás autorizaciones;

f) Garantías exigibles en razón de la naturaleza de las mercancías y del régimen aduanero a que se destinen; y

g) Documento que ampare la exención o franquicia en su caso.

Los documentos anteriormente relacionados deberán adjuntarse en original a la declaración de mercancías, salvo las excepciones establecidas en este Reglamento, o podrán transmitirse por la vía electrónica al sistema informático del Servicio Aduanero y en este caso producirán los mismos efectos jurídicos que los escritos en un soporte de papel.

Cuando se trate de importaciones definitivas y cuando lo exija el Servicio Aduanero, se deberá adjuntar a la declaración de mercancías, la declaración de exportación, reexportación o documento equivalente del país de exportación, conforme lo establezca dicho Servicio. Así, veamos cuales son los requisitos que deben cumplir los documentos arriba enumerados, para que sean aceptados por la aduana y de acuerdo con el RECAUCA:

Artículo 323. **Factura comercial**. El Servicio Aduanero podrá disponer que la factura comercial deba formularse en el idioma español o adjuntarse su correspondiente traducción. Dicha factura comercial deberá contener como mínimo la información siguiente:

a) Nombre y domicilio del vendedor;

b) Lugar y fecha de expedición;

c) Nombre y domicilio del comprador de la mercancía;

d) Descripción detallada de la mercancía, por marca, modelo o estilo;

e) Cantidad de la mercancía;

f) Valor unitario y total de la mercancía; y

g) Términos pactados con el vendedor.

Cuando la descripción comercial de la mercancía incluida en la factura comercial venga en clave o códigos, el importador deberá adjuntar a la factura una relación de la información debidamente descodificada.

Artículo 324. Contenido del documento de transporte. El documento de transporte contendrá, como mínimo, la información siguiente:

a) Mención del medio de transporte (aéreo, terrestre, marítimo) y nombre del vehículo en caso de tráfico marítimo y número de vuelo, en caso de tráfico aéreo;

b) El nombre, razón social o denominación del cargador, del porteador y del consignatario, en su caso;

c) El puerto de carga o embarque y de descarga;

d) Clase y cantidad de los bultos;

e) Descripción genérica de su contenido;

f) Peso bruto en kilogramos;

g) Valor del flete contratado y otros cargos;

h) Número de identificación del documento de transporte que permita su individualización; y

i) El lugar y fecha de expedición del documento.

Si los documentos de despacho no permitan efectuar una declaración segura y clara, el agente corredor de aduana está en la obligación de subsanar tal anomalía y registrar el dato correcto, mediante el reconocimiento físico de las mercancías. Es igualmente importante el declarar el flete marítimo y todos los gastos pagados en el extranjero, los cuales forman parte del valor CIF de la mercancía.

Por valor CIF debe entenderse, el costo de la mercancías, el flete, seguro y todos los gastos en que se incurra hasta el primer puerto de atraque en Panamá. Para los efectos del cálculo de flete y seguro, cuando éstos no se han declarado en el documento de transporte, en Panamá, se utiliza la fórmula de calcular, para el flete, el 14% del valor FOB y para el seguro el 1% del valor FOB, ambas cantidades, sumadas al valor FOB, formarán la base imponible del impuesto de importación o valor CIF.

Los tipos o clases de declaraciones de aduanas autorizados por la legislación aduanera nacional, de acuerdo con el RECAUCA y el artículo 97 del Decreto de Gabinete 12 de 29 de marzo de 2016 son:

A) Declaración normal
B) Declaración simplificada
C) Declaración anticipada
D) Declaración provisional
E) Declaración complementaria
F) Declaración acumulada
G) Declaración rectificativa
H) Declaración de oficio.

Artículo 98. La Declaración Normal debe presentarse a partir del día de ingreso de las mercancías a las zonas primarias de la aduana. Aplica para todos los regímenes de importación, exportación y tránsito que establece el CAUCA y su Reglamento.

Artículo 99. La Declaración Anticipada se transmite electrónicamente al sistema informático de la Autoridad Nacional de Aduanas antes del arribo de las mercancías, y permite al importador disponer de las mismas al momento de su arribo, debiendo culminar su trámite con una declaración complementaria en un término de cinco (5) días posterior al despacho.

Su finalidad es agilizar el despacho de las mercancías, en virtud que no será validada toda la información del manifiesto de carga. Aplica para los regímenes de Importación definitivos, Importación Temporal con Reexportación en el mismo estado, Admisión Temporal para Perfeccionamiento Activo, Reimportación u otras que establezca la Autoridad Nacional de Aduanas.

Artículo 100. La Declaración Complementaria, es la que presenta el declarante con el propósito de culminar el trámite de una declaración anticipada y provisional. Se aplica para los regímenes de Importación definitiva, Importación temporal con Reexportación en el mismo estado, Admisión temporal para perfeccionamiento activo, Reimportación, Exportación definitiva u otras que establezca la Autoridad Nacional de Aduanas.

Para la declaración anticipada la declaración complementaria se presentará a la Autoridad Nacional de Aduanas dentro de los cinco (5) días hábiles posteriores a la confirmación de las declaraciones anticipadas. Para la declaración provisional el plazo es dentro de cinco (5) días hábiles posteriores al despacho total de las mercancías a granel. Si el importador tiene pendiente transmitir una Declaración Complementaria ante la Autoridad Nacional de Aduanas dentro del plazo establecido, no podrá hacer uso de la declaración anticipada, ni provisional hasta tanto realice la declaración que se encuentra pendiente.

Toda declaración complementaria que requiera modificación se realizará con una declaración rectificativa.

Artículo 101. La Declaración Provisional se utiliza para el despacho de mercancías a granel. Se deberá declarar el total de la carga manifestada, la misma deberá ser pagada.

El retiro de las mercancías se hará a través de despachos parciales, los cuales deberán ser transmitidos en forma electrónica y validados en el sistema informático, presentando para cada salida la declaración provisional simplificada, la cual reflejará el saldo de la mercancía que reste por despachar. Se aplica para el Régimen de Importación de Mercancía a Granel. Para cancelar el trámite de la declaración provisional, el plazo es dentro de cinco (5) días hábiles posteriores al despacho total de las mercancías a granel, mediante una declaración completaría.

Artículo 102. Los sujetos pasivos de la obligación tributaria que se acojan a los regímenes de importación definitiva, exportación definitiva o Courier, podrán utilizar la **Declaración Simplificada** la cual contiene la información básica del manifiesto de carga para el despacho de las mercancías, en todos los casos deberán estar legalmente registrados ante la Autoridad Nacional de Aduanas.

En el caso de las exportaciones acumuladas que se acojan a la declaración simplificada deberán presentar los primeros cinco (5) días hábiles de cada mes una declaración acumulada.

Artículo 103. Los exportadores habituales que durante un mes calendario realicen sus exportaciones por una misma aduana de salida, previa autorización de la Autoridad Nacional de Aduanas, podrán realizar de manera acumulada las referidas exportaciones mediante declaraciones simplificadas la cual se complementará en una sola Declaración Acumulada, que contenga el total de las mercancías exportadas durante el mes anterior.

La Declaración Acumulada deberá presentarse los primeros cinco (5) días hábiles de cada mes.

Artículo 104. Declaración de Oficio es aquella elaborada por los funcionarios de la Autoridad Nacional de Aduanas, en la cual se establecen los impuestos a pagar por las mercancías objeto de importación cuyo valor en aduana sea menor o igual a quinientos balboas 00/100 (B/.500.00) monto establecido en el Código Aduanero Uniforme Centroamericano, asimismo, cuando las mercancías sean importadas por la propia Autoridad de Aduanas, los envíos de carácter familiar y otras que la

Autoridad Nacional de Aduanas establezca.

La confección de la referida declaración no tendrá costo alguno para los importadores que así lo soliciten a los funcionarios de la Autoridad Nacional de Aduanas.

Artículo 105. Declaración Rectificativa es la que permite realizar la rectificación de la información contenida en una declaración de cualquier tipo.

La posición arancelaria que se indique en las citadas declaraciones formará parte del testimonio de fe.

Este "testimonio de fe", es la certeza y la garantía ante la autoridad de aduanas, de que la declaración es correcta y está enmarcada dentro de lo señalado por las leyes y reglamentos.

En el caso de mercancías que ingresen al país temporalmente o que adolezcan de la falta de algún documento, se prevé, la importación con pago garantizado.

El pago garantizado puede ser global o general, y está regulado en el Decreto de Gabinete 12 de 29 de marzo de 2016, de la siguiente forma:

Sistema de despacho de mercancías con pago garantizado global.

Artículo 123. Se establece el sistema de despacho de mercancías con pago garantizado global para las mercancías que ingresen al territorio aduanero nacional bajo el régimen de importación a consumo, en admisión temporal o cualquier otro régimen aduanero.

Artículo 124. El despacho de mercancía con pago garantizado global son aquellas que aseguran el cumplimiento de las obligaciones resultantes del despacho de múltiples destinaciones consignadas a una sola persona natural o jurídica, cubriendo la totalidad de los tributos, contribuciones emergentes, intereses y recargos causados en estas operaciones, en un período determinado inferior a la garantía otorgada.

Artículo 125. Solicitud para acogerse al sistema de despacho con pago garantizado global. Las personas naturales o jurídicas que deseen acogerse al sistema de pago garantizado global deberán presentar su solicitud ante la Dirección de Gestión Técnica de la Autoridad Nacional de Aduanas, y contar con garantía cuya vigencia mínima es de un (1) año prorrogable.

La prórroga está condicionada al cumplimiento de los trámites correspondientes dentro de un término de sesenta (60) días antes del vencimiento de la garantía.

Artículo 126. Requisitos para acogerse al sistema de despacho con pago garantizado global. La solicitud, para acogerse al sistema de despacho con pago garantizado global, deberá estar acompañada de los documentos siguientes:

a) Solicitud por parte del Agente Aduanero o su represente legal;

b) Copia autenticada de la cédula de identidad o pasaporte personal en los casos de ser el solicitante persona natural;

c) Copia autenticada del pacto social;

d) Copia de la cédula o pasaporte de identidad personal del representante legal;

e) Descripción de las mercancías que se retirarán bajo el sistema de Garantía Global;

f) Cuadro estadístico que refleje la destinación aduanera de las mercancías por parte de la persona o empresa solicitante, estimado por los seis (6) últimos meses a la fecha en que se hace la solicitud. En los casos de personas naturales o jurídicas, que no cuenten con registros de destinaciones aduaneras deberán presentar un estudio de factibilidad en el que demuestre las proyecciones económicas que generará la actividad a fin de determinar el monto de la garantía, debidamente refrendado por un Contador Público Autorizado;

g) Certificación de no defraudación aduanera y estar paz y salvo ante la Dirección General de Ingreso;

h) Copia autenticada del Aviso de Operación, según corresponda; y

i) Certificado de la inscripción de la sociedad en el Registro Público, cuando se trate de persona jurídica.

Artículo 127. La Dirección de Gestión Técnica de la Autoridad Nacional de Aduanas evaluará los requisitos aportados y decidirá, mediante resolución motivada, si accede o no a la solicitud.

La Resolución que autorice la utilización del sistema de despacho de mercancías con pago garantizado, mediante Garantía Global, será elaborada con la información siguiente:

a) El número y fecha de la Resolución y nombre de persona o empresa beneficiaria;

b) Clase y número de la Garantía;

c) Zonas Aduaneras Regionales en que el beneficiado estará autorizado para tramitar las destinaciones aduaneras;

d) Los tributos, intereses y demás contribuciones emergentes y recargos, su cuantía, así como el plazo de vigencia de la Garantía; y

e) Firma y cargo del funcionario autorizado que expide la Resolución.

Copia de la Resolución se entregará al beneficiario al momento de la notificación y se mantendrán dos ejemplares en la Unidad Administrativa correspondiente. En caso de que la petición sea desestimada el interesado podrá interponer en un término de ocho (8) días hábiles el recurso de apelación ante la Comisión Arancelaria hasta tanto se implemente el Tribunal Aduanero.

Artículo 128. A las diferentes clases de Garantías se les dará el tratamiento siguiente:

a) El dinero en efectivo y los cheques certificados se ingresarán en el Banco Nacional, en una Cuenta Especial denominada "Autoridad Nacional de Aduanas/Depósitos de Garantía Global"; y

b) En el caso de las Garantías Bancarias y las expedidas por empresas de seguro y los Títulos de Deuda Pública, la Garantía se constituirá a favor de la Autoridad Nacional de Aduanas y la Contraloría General de la República, depositándose en esta última. Copia de la garantía se adjuntará en la Resolución que mantendrá la Unidad Administrativa correspondiente.

La Dirección de Gestión Técnica de la Autoridad Nacional de Aduanas, asignará un código de crédito disponible a cada importador que se acoja al sistema de Garantía Global, cuando esté presente la solicitud debidamente tramitada por la Unidad Administrativa correspondiente.

El importe garantizado será el crédito de dicho registro y los débitos se irán efectuando a medida que se presenten las declaraciones aduaneras de la destinación correspondiente.

El interesado podrá efectuar destinaciones acogidas a este sistema, siempre que el saldo de su registro sea suficiente para cubrir los impuestos causados.

Artículo 129. El importe a pagar por razón de las destinaciones aduaneras amparadas por el sistema de Garantía Global será determinado con arreglo a las normas siguientes:

a) En el caso de mercancías cuya importación estuviera sujeta a controversia por razón de discrepancia de aforo, sobre el monto de los derechos aduaneros, intereses, contribuciones emergentes y recargos, se ajustará a lo siguiente: La diferencia de derechos aduaneros presumiblemente causada, incluyendo los recargos, intereses o multas que correspondan, como resultado del aforo practicado, será cargada al registro del importador, a espera de la decisión definitiva que culmine el proceso;

b) En las mercancías amparadas por un régimen de exoneración parcial o total o amparada por un régimen jurídico tributario de fomento, a la espera que el importador aporte la documentación justificativa del citado beneficio, el monto garantizado será el que corresponda a todos los derechos e intereses exigibles, en caso de que la exoneración pretendida no fuese concedida.

c) En el caso de las empresas inscritas en algún Registro Oficial de la Industria Nacional o con Contratos con la Nación que otorguen exención de los impuestos de importación y que cuenten con la correspondiente autorización del Ministerio de Comercio e Industrias para efectuar dicha importación exonerada, el monto garantizado será el que corresponda a los derechos exigibles, aplicando la exención a que se tenga derecho, incluyendo los recargos e intereses; y

d) Para el caso de mercancías de reconocida urgencia o bajo un régimen de admisión temporal, la Garantía Global se establecerá de acuerdo a los montos de todos los derechos e intereses y cargos emergentes causados en una importación definitiva a consumo corriente.

Artículo 130. Los Certificados de Garantías se ajustarán a las reglas siguientes:

a) El monto de los derechos por importación de mercancías cuya importación estuviera sujeta a controversia por razón del monto de los derechos aduaneros, se hará efectivo al momento de notificarse la resolución que establece la decisión final que resuelve la controversia, conforme los resultados de la misma. En caso de ser favorable, se procederá a la devolución de la garantía al importador. En caso contrario, la Autoridad Nacional de Aduanas ejecutará la Garantía;

b) El monto de los derechos por importaciones de mercancías amparadas por un régimen de exoneración parcial o total, o amparadas en un régimen jurídico tributario de fomento, a la espera de que el importador aporte la documentación justificativa del citado beneficio, se hará efectivo con la presentación, a las autoridades aduaneras de la autorización, visto-bueno o documento justificativo de la exención solicitada, para lo cual se concederá al interesado un plazo de treinta (30) días, prorrogable por sesenta (60) días por el Administrador de la Aduana, a instancia del interesado, y siempre que se justifique debidamente. Transcurrido dicho plazo sin que el interesado haya presentado los citados documentos, el Administrador de la Aduana procederá a la ejecución de la Garantía por el importe total de los derechos adeudados, a los cuales se deberán sumar las multas, intereses y recargos aplicables;

c) El monto de los derechos por importaciones de artículos perecederos o de rápido deterioro, deberán ser pagados dentro de treinta (30) días, contados a partir de la fecha en que se retiró la mercancía de la Aduana correspondiente; y

d) El monto de los derechos por importaciones de mercancías amparadas por un régimen de admisión temporal se hará efectivo por el importador al vencimiento del plazo previsto por el Código Aduanero Uniforme Centroamericano y su reglamento, sin que el interesado haya realizado la exportación de las mercancías para la que recibió el beneficio del régimen temporal. En su defecto, la

Autoridad Nacional de Aduanas procederá a la ejecución de la garantía por el importe de los derechos que correspondan, más los recargos, intereses y sanciones que procedieren, calculados a partir de la fecha en que se produjo la importación temporal o la admisión temporal. El referido cobro se realizará sobre la base de los insumos o materias prima que sirvieron de base para la elaboración del producto final.

Artículo 131. En caso de que surtan controversia por la aplicación del sistema de despacho de garantía global contra la Resolución motivada dictada por la Dirección de Gestión de Técnica se podrá interponer dentro de los ocho (8) días hábiles el recurso de apelación ante la Comisión Arancelaria hasta tanto se implemente el Tribunal Aduanero, lo que agotará la vía gubernativa.

Artículo 132. Los intereses de las garantías generales será el equivalente al promedio simple de las tasas activas en el sector comercial proporcionado por la Superintendencia de Bancos de Panamá. Dicha tasa se actualizará cada seis meses y se calculará sobre los tributos que se causará por la nacionalización de la carga.

Asimismo, devengarán interés las deudas de la Autoridad Nacional de Aduanas resultantes del cobro indebido de tributos, en los términos y las condiciones que establece el Código Aduanero Uniforme Centroamericano (CAUCA).

Artículo 133. No se autorizará la aplicación de una nueva garantía a las personas naturales o jurídicas si antes no cancela los tributos, intereses y recargos, que correspondan a la última autorización otorgada por la Dirección de Gestión Técnica.

Sistema de Despacho con pago Garantizado General

Artículo 134. Las personas naturales o jurídicas que se acojan al sistema de despacho de pago garantizado general no interpondrán garantías en las categorías siguientes:

a) Equipos de carácter deportivo;

b) Maquinarias y equipos importados para la ejecución de Obras Públicas, siempre que el contrato con la Nación lo exceptué;

c) Envases y elementos de transporte de mercancías;

d) Unidades y medios de transporte y repuestos para su reparación en el territorio nacional;

e) Las mercancías que vengan para ser exhibidas en eventos (exposiciones, ferias comerciales y convenciones o congresos internacionales) siempre que cuente con el

Servicio Especial de Control y Vigilancia Aduanera; y

f) En el caso de importaciones por parte de misiones diplomáticas u organismos internacionales acreditados ante el Gobierno de la República de Panamá, entidades de prestigio internacional u organizaciones gubernamentales y siempre que la naturaleza de las mercancías o las circunstancias que así lo ameriten, la Dirección General de La Autoridad Nacional de Aduanas podrá autorizar la admisión temporal sin el establecimiento de garantía.

g) Otras que establezca el Código Aduanero Uniforme Centroamericano y su reglamento.

Artículo 135. Podrán acogerse al Sistema de Despacho de Mercancías con Pago Garantizado General las mercancías que se encuentren en algunas de las categorías siguientes:

a) Importaciones de reconocida urgencia o de productos perecederos;

b) Importaciones que estén amparadas por un régimen jurídico-tributario de fomento, tales como las actividades industriales, agroindustriales, hoteleras o similares, mientras dure la tramitación que legalmente corresponda;

c) Mercancía cuya importación estuviera sujeta a controversia ante las autoridades aduaneras por razón de discrepancias de los tributos aduaneros causados;

d) Mercancía amparada por un régimen de exoneración parcial o total, mientras dure la tramitación de la exoneración, siempre que el interesado ejecute o cumpla oportunamente con el trámite y requerimientos que se hagan al efecto;

e) Las recreativas (equipos, vehículos, animales y demás bienes propiedad de circo o espectáculos públicos similares);

f) Maquinarias y equipos importados para ejecución de Obras Públicas, cuyo plazo de garantía estará sujeto al término de construcción de la obra establecido en el contrato con la Nación; y

g) Aeronaves arrendadas a plazo o con opción de compra, siempre que la Autoridad de Aeronáutica Civil lo certifique.

Artículo 136. Además de los requisitos señalados en el Reglamento del Código Aduanero Uniforme Centroamericano (RECAUCA), los garantes deberán cumplir los requisitos siguientes:

a) El garante deberá estar domiciliado dentro del territorio nacional;

b) La garantía se constituirá por un período de vigencia superior al término que se establece en el régimen; y

c) En caso de controversia en que se afecte parte del embarque, la garantía debe cubrir el monto de los derechos que se cause por el renglón afectado, adicionando las multas, intereses y recargos que correspondan.

Artículo 137. Las empresas que se encuentre en el trámite de contratar con la Nación, de acuerdo a las disposiciones sobre incentivos a la producción nacional manufacturera, desarrollo del turismo, actividades extractivas y de minería, actividades agro-industriales y otras actividades amparadas por un régimen jurídico-tributario de fomento, podrán introducir sin el previo pago de los impuestos que cause la importación mediante la constitución de garantías, las maquinarias, repuestos, materias primas o insumos necesarios para iniciar operaciones, siempre que cuente con la autorización del Ministerio de Comercio e Industrias.

Estas empresas tendrán derecho a la devolución de la Garantía General, al momento en que el contrato entre en vigencia.

Artículo 138. Los Certificados de Garantías se ajustarán a las reglas siguientes:

a) El monto de los derechos de mercancías cuya importación estuviera sujeta a discrepancia de aforo, se hará efectivo al momento de notificarse la resolución que establece la decisión final que pone fin a la esfera gubernamental. En caso de ser favorable al importador, se procederá a la devolución de la garantía. En caso contrario, la Autoridad Nacional de Aduanas ejecutará la garantía;

b) El monto de los derechos por importaciones de mercancías amparadas por un régimen de exoneración parcial o total, o amparadas en un régimen jurídico tributario de fomento, se hará efectivo con la presentación de la aprobación o documento justificativo de la exención solicitada, para lo cual se concederá al interesado un plazo de treinta (30) días prorrogables, hasta sesenta (60) días por el Administrador de la Aduana, a instancia del interesado, y siempre que se justifique debidamente. Transcurrido dicho plazo sin que el interesado haya presentado los citados documentos, el Administrador de la Aduana procederá a la ejecución de la garantía por el importe total de los derechos adeudados, a los cuales se deberán sumar las multas, intereses y recargos aplicables;

c) El monto de los derechos por importaciones de artículos perecederos o de rápido deterioro, deberán ser pagados dentro de treinta (30) días, contados a partir de la fecha en que se retiró la mercancía de la Aduana correspondiente; y

d) El monto de los derechos por importaciones de mercancías amparadas por un régimen de admisión temporal se hará efectivo por el importador al vencimiento del plazo previsto por el Código Aduanero Uniforme Centroamericano y su reglamento, sin que el interesado haya realizado la exportación de las mercancías para la que recibió el beneficio del régimen temporal. En su defecto, la Autoridad Nacional de Aduanas procederá a la ejecución de la garantía por el importe de los derechos que correspondan, más los recargos, intereses y sanciones que procedieren, calculados a partir de la fecha en que se produjo la importación temporal o la admisión temporal. El referido cobro se realizará sobre la base de los insumos o materias prima que sirvieron de base para la elaboración del producto final.

Artículo 139. La ejecución de la garantía general estará fundamentada en una Resolución motivada dictada por el Administrador Regional de Aduanas que corresponda. Contra dicha Resolución se podrá interponer dentro de los ocho (8) días hábiles, el recurso de apelación ante la Comisión Arancelaria hasta tanto se implemente el Tribunal Aduanero, lo que agotará la vía gubernativa.

Cuando la garantía general esté constituida por Cartas Bancarias o Pólizas de Seguro, vencido el plazo para el cumplimiento de la obligación, el Administrador Regional de Aduanas comunicará al Banco o a la Compañía de Seguros garantes, que tienen un plazo de quince (15) días hábiles para efectuar el pago obligatorio de los tributos, intereses y recargos por ellos caucionado, y que en caso contrario la

Autoridad Nacional de Aduanas ordenará se proceda al cobro coactivo.

En el caso que la garantía general esté representada por Títulos de la Deuda del Estado, tales títulos pasarán en propiedad al Tesoro Nacional.

Concluida la vía gubernativa, las garantías se harán efectivas, sin perjuicio del derecho de la devolución de su monto si dicho acto es anulado por la Jurisdicción Contencioso Administrativa, en virtud de un proceso contencioso administrativo de plena jurisdicción.

Artículo 140. No se autorizará la aplicación de una nueva garantía a las personas naturales o jurídicas si antes no cancela los tributos, intereses y recargos, que correspondan a la última autorización otorgada por la Administración Regional correspondiente.

Artículo 141. Los intereses de las garantías generales será el equivalente al promedio simple de las tasas activas en el sector comercial proporcionado por la Superintendencia de Bancos de Panamá. Dicha tasa se actualizará cada seis meses y se calculará sobre los tributos que se causará por la nacionalización de la carga.

Asimismo, devengarán interés las deudas de la Autoridad Nacional de Aduanas resultantes del cobro indebido de tributos, en los términos y las condiciones que establece el Código Aduanero Uniforme Centroamericano (CAUCA).

Artículo 142. La emisión de un certificado de consignación de garantía tendrá un costo de diez balboas (B/.10.00) destinados al Fondo Especial Operativo de la Autoridad, a objeto de permitir a los interesados tener un documento oficial digital emitido a través del sistema informático de La Autoridad. Hasta tanto no se cuente con un documento digital emitido por el sistema informático de la Autoridad, se entregará de forma impreso, al interesado.

<u>Importación con exoneración del impuesto</u>.

Nuestro ordenamiento jurídico también permite la importación con exención (sin el pago de impuestos), para mercancías cuyo importador o destinatario, esté amparado en alguna Ley especial que se lo permita.

En algunos casos la exoneración de impuestos es parcial (3%), para las exoneraciones industriales, total (0%) para las exoneraciones amparadas en leyes especiales, como las de turismo, combustible, cine, etc., y pueden incluir también la exoneración del Itbms, en los casos de las zonas libres de combustibles. Esta tramitación incluye aprobaciones de diferentes órganos anuentes, además de la propia aduana, entre estos órganos anuentes están:

-La autoridad de Turismo de Panamá.

-Dirección de Fiscalización Industrial del Ministerio de Comercio e Industrias.

-Dirección Nacional del Banano del Ministerio de Comercio e Industrias y otros.

El procedimiento se enmarca en los siguientes artículos del decreto de gabinete 12 de 16 de 29 de marzo de 2016:

Mercancías Sujetas a Exenciones (exoneraciones) Arancelarias

Artículo 150. Exenciones al impuesto de importación. Están exentos del pago de derechos aduaneros de importación:

a) Las importaciones que realice el Estado para la adquisición de alimentos, medicinas, equipo deportivo, hospitalario, materiales, equipos y envíos de socorro, de laboratorio, ambulancias, clínicas móviles y similares, equipos tecnológicos y afines, material didáctico para uso de sus centros docentes, al igual que las donaciones que reciba el Estado, los municipios y las juntas comunales;

b) Las donaciones al sector privado sin fines de lucro destinadas a cubrir servicios de salubridad, alimentación, envíos de socorro, asistencia técnica, beneficencia, asistencia médica, educación, investigación científica y cultural, siempre que tengan suscrito convenios de cooperación de ayuda humanitaria y social con instituciones del Estado;

c) La importación de mercancías en virtud de contratos o convenios internacionales o acuerdos de integración económica que así lo establezcan expresamente, celebrados por la República de Panamá y ratificados por la Asamblea Nacional;

d) Las importaciones realizadas por los miembros del cuerpo diplomático acreditados en la República de Panamá, para su uso personal y conforme a los tratados y reglas del Derecho Internacional en la estricta reciprocidad;

e) Equipos, material didáctico y otros artículos necesarios para el desarrollo de la enseñanza en las escuelas oficiales y particulares, que se concederá cuando cumplan con las condiciones siguientes:

1. Cuando la compra de estos artículos se haga con los fondos de los centros educativos o de las asociaciones de padres de familia; y

2. Cuando el artículo de que se trate no se produzca en el país y se encuentre entre los que se especifican a continuación:

      i.   Equipo técnico de enseñanza, de laboratorio, audiovisual, musical y modelos de demostración y enseñanza;

      ii.   Insignias y trofeos para los certámenes culturales y deportivos;

      iii.   Anillos de graduación de los alumnos; y

      iv.   Otros artículos convenientes e indispensables, a juicio del Ministerio de Educación.

f) Equipos, instrumentos y aparatos médicos, maquinarias y materiales de construcción destinados y fabricados para hospitales, que no se produzcan en el país y que sean necesarios para la construcción, ampliación, reconstrucción y operación de hospitales o clínicas-hospitales que tengan capacidad para brindar servicio a veinte o más pacientes hospitalizados simultáneamente;

g) Vehículos automotores, material didáctico, tecnológico, y otros artículos necesarios para el desarrollo de la acción pastoral que lleva a cabo la Iglesia Católica y las iglesias tradicionales o históricas, tales como la Luterana, la Anglicana, la Evangélica, la Metodista, la Adventista, la Griega Ortodoxa, la Bautista, la Judía, la Islámica, la Budista y los Testigos de Jehová. Los reglamentos establecerán las restricciones y condiciones particulares;

h) Los equipos, implementos y demás accesorios para el control, apoyo y seguridad, destinados al

Ministerio de Seguridad, el Servicio de Protección Institucional, el Consejo de Seguridad Nacional y otras instituciones que ejecuten actividades de seguridad pública;

i) Aquellas amparadas por leyes especiales o contrato leyes, siempre que los bienes objeto de la exoneración guarden directa relación con la actividad o evento que se desarrolla. Salvo que las leyes especiales o contratos establezcan lo contrario, no serán objeto de exoneración del impuesto de importación aquellos bienes que en el respectivo ramo a que se destinan, no sean indispensables para las instalaciones, plantas o actividades respectivas, o sea que sin tales artículos o materiales no podrían funcionar o realizar sus actividades. No están incluidos aquellos productos que puedan tener alguna aplicación distinta o de los cuales no dependa el funcionamiento de las máquinas o instalaciones, tales como las herramientas y útiles de mecánica en general, los muebles de oficina, útiles de escritorio, vestidos, calzados, ropa, uniformes y otros de similar naturaleza, para los empleados; y

j) Aquellas de interés social que así determine el Consejo de Gabinete.

Artículo 151. Salvo lo dispuesto en disposiciones legales específicas, tratados o convenios internacionales o en contrato suscrito por el Estado, las mercancías sobre las cuales se hubieran reconocido exoneración o rebaja parcial o total en el pago de los tributos aduaneros no podrán enajenarse ni ser entregadas a ningún título, ni destinarse a un fin distinto para el cual fueron importadas, excepto en los casos siguientes:

a) Si se enajenará a favor de personas que tengan el derecho de importar mercancías de la misma clase, en las mismas cantidades y que tengan derecho a exoneración o rebaja de los tributos aduaneros, en el mismo nivel, previa autorización del Ministerio de Económica y Finanzas, a través de la Autoridad Nacional de Aduanas.

b) Si se destina a un fin que, por su naturaleza, sea beneficiario del derecho de exoneración o de rebaja de tributos aduaneros, en el mismo nivel, previa autorización del Ministerio de Economía y Finanzas, a través de la Autoridad Nacional de Aduanas.

En cualquier otro caso que no esté contemplado en los literales a) y b) del presente artículo, se pagará el total de los tributos aduaneros de importación, según corresponda al transferirse los bienes a un tercero que no goce de los mismos beneficios.

Exoneración de mercancías a ser exhibidas en ferias, exposiciones, convenciones o congresos internacionales y nacionales

Artículo 152. Las mercancías que ingresen al país bajo el régimen de admisión temporal, para ser exhibidas en ferias internacionales y cuya disposición legal que las crea establezca el beneficio de exención tributaria al momento de su venta durante la celebración del respectivo evento ferial, deben estar consignadas a personas que en calidad de expositores tengan contrato con el promotor responsable de la organización del evento.

Artículo 153. Las personas naturales o jurídicas que se beneficien de la exención del derecho aduanero a la importación deberán cumplir con los requisitos siguientes:

a) Contrato con el promotor del evento que los acredite como expositores;

b) La mercancía debe estar consignada a la empresa expositora, lo que debe constar en las facturas comerciales y demás documentos de embarque. En los casos de mercancías correspondientes a embarques fraccionados amparados por "Certificados de Depósito" por proceder de algún Depósito Comercial de Mercancía, se debe adjuntar la respectiva "Orden de Entrega" u "Orden de Retiro" consignada al expositor, adicionando copias debidamente autenticadas de los documentos de embarque;

c) Las mercancías deben ser nuevas al momento de su importación al país, ya sea que provengan directamente del proveedor o que hayan sido almacenada en una zona franca hasta el momento de la exhibición;

d) Las mercancías deberán ser exhibidas dentro del área arrendada por el expositor;

e) Las mercancías objeto de exoneración deben estar directamente relacionadas con la industria que desarrolla el evento ferial;

f) Sólo se permitirá la exoneración de los modelos de una misma mercancía exhibida o producto que se promueva en el evento ferial dentro del área arrendada de conformidad a la cantidad que establezca este Decreto de Gabinete. En caso de que existan dos o más expositores vinculados exhibiendo el mismo tipo de mercancía o producto, solo se permitirá aplicar la exención a aquel expositor que primero solicitó la exoneración al impuesto que corresponda.

g) En caso de alimentos y bebidas, se permitirá la exoneración del impuesto de importación, sólo de las mercancías que se consuman en el evento ferial en calidad de muestras o para su degustación;

h) En relación a la folletería, muestras destinadas a ser distribuidas en forma gratuita y material publicitario de los expositores, alusiva a los productos exhibidos o que guarden relación con la propia empresa expositora, la misma estará exonerada al derecho aduanero de importación para los efectos de su distribución de manera exclusiva en el área donde se lleva a cabo el evento ferial.

i) Exención al derecho aduanero de importación para los materiales destinados a ser utilizados en la decoración de los pabellones, módulos o puestos de exhibición dentro del área de la feria, los cuales no podrán ser sujeto a venta, salvo mediante el pago de todos los impuestos correspondientes, incluyendo el impuesto de importación respectivo.

Artículo 154. Sólo se permitirá la exoneración de un (1) modelo debidamente diferenciado por cada artículo exhibido. Para efectos del presente Decreto de Gabinete, se entenderá por modelo los artículos que correspondan a una misma marca, serie y demás señales de identificación del fabricante que permitan su diferenciación individual dentro de una misma categoría de artículos.

Esto incluye aquellas distinciones requeridas por los compradores, como son la añadidura de accesorios, diferencias de color o adecuaciones personalizadas. En el caso específico de los vehículos a motor, se entenderá como una misma categoría de modelo, independientemente de la variación del cilindraje, tipo de transmisión o tipo de combustible que utilice el vehículo.

Se exceptúan de esta definición artículos corno ropa, lencería, calzado, joyería bisutería, artesanías y artículos de decoración, excluyendo los muebles, salvo que se trate de aquellos de confección artesanal, así como aquellos artículos que por la propia disposición que otorga franquicia ferial permita la venta al detal de las mercancías a los visitantes del evento.

Artículo 155. Para que las mercancías exhibidas gocen de la exención del derecho aduanero a la importación de conformidad a este Decreto, deberán ser vendidas durante la celebración del evento y el expositor deberá presentar la declaración de aduanas, boleta de pago de aduana, la factura en donde se describa el artículo, la fecha de venta y el precio respectivo. La venta de dichos artículos causará en la Declaración de aduanas el pago del Impuesto de Transferencia de Bienes Muebles y Servicios (I.T.B.M.S.) y el Impuesto Selectivo al Consumo (I.S.C.) cuando corresponda. Los artículos vendidos se entregarán al comprador o las personas autorizadas por el expositor, en un término no mayor de dos (2) días una vez haya finalizado el evento ferial.

Los artículos vendidos no podrán ser removidos de las áreas de exhibición previo a la clausura del evento, salvo en los casos de que la propia disposición que otorga franquicia ferial permita la venta al detal de las mercancías exhibidas, por lo cual podrá entregarse directamente a los compradores visitantes siempre que los expositores respectivos hayan previamente tramitado la declaración de importación con la franquicia ferial correspondiente.

No serán objeto de exención aquellas transacciones anteriores al evento ferial, en que se haya realizado algún abono o separación a favor de un cliente, a efecto de recibir el respectivo beneficio fiscal.

Artículo 156. En el caso de venta entre empresas o individuos vinculados, procederá la exención tributaria, siempre y cuando la Autoridad Nacional de Aduanas compruebe, que no se trata de una transacción ficticia, ni de la anulación posterior de la venta y que el precio esté influenciado en razón de esta vinculación. Estas verificaciones se realizarán a través de auditorías, posteriores por parte de la Autoridad Nacional de Aduanas.

A los efectos del presente Decreto, se entenderá como venta entre empresas o individuos vinculados si se incurre en alguno de los supuestos siguientes:

   a) Si una de ellas ocupa cargos de dirección o tiene responsabilidad, una empresa con de la otra;
   b) Si están legalmente reconocidas como asociadas en negocios;
   c) Si están en relación de empleador y empleado;

d) Si una persona tiene, directa o indirectamente, la propiedad, el control o la posesión del cinco por ciento (5%) o más de las acciones o títulos en circulación y con derecho a voto de ambas;

e) Si una de ellas controla directa o indirectamente a la otra;

f) Si ambas personas están controladas directa o indirectamente por una tercera;

g) Si juntas controlan directa o indirectamente a una tercera persona;

h) Si son de la misma familia hasta el cuarto grado de consanguinidad y segunda de afinidad o que formen parte de un grupo económico; y

i) Las personas que están asociadas en negocios porque una es el agente, distribuidor o concesionario exclusivo de la otra, cualquiera que sea la designación utilizada, se considerarán como vinculadas, a los efectos del presente Decreto, si se les puede aplicar alguno de los criterios enunciados en el presente artículo.

Artículo 157. Los espacios arrendados por expositores que estén vinculados de conformidad con lo dispuesto en el artículo 156 de este Decreto de Gabinete podrán exhibir la misma mercancía, en todo caso, solo se aplicará la exención tributaria a un (l) modelo exhibido, siempre que ambos expositores vinculados mantengan las mismas mercancías bajo exhibición, aplicándose la exención sólo a aquel que haya efectuado primero la venta y presentado la solicitud ante la Autoridad Nacional de Aduanas de conformidad con lo dispuesto en el literal f) del artículo 156 del presente Decreto de Gabinete. Será un requisito indispensable para la participación en un evento ferial, que el expositor declare si tiene alguna otra empresa vinculada, sea está afiliada, subsidiaria o que formen parte de un grupo, o familiar hasta el cuarto grado de consanguinidad y segunda de afinidad en el mismo evento ferial.

Artículo 158. El promotor del evento velará porque el espacio de exhibición de las mercancías por parte de los expositores cumpla con las adecuaciones siguientes:

En el caso de exhibición de mercancía en espacios que no sean módulos, incluyendo las áreas externas o espacio abierto, sea este para exhibición de equipo rodante, maquinaria de construcción, agropecuaria o agroindustrial; vehículos automotores, motocicletas, fourwheel y similares; botes, motos acuáticas y similares; se permitirá su exhibición desplegada en un solo nivel, permitiendo espacio de 1.50 metros de separación entre cada unidad exhibida. Esta separación debe ser considerada lateralmente, frontalmente y posteriormente entre cada unidad exhibida. De igual forma el expositor deberá permitir una distancia de 75 centímetros entre las unidades exhibidas y el perímetro del espacio alquilado.

a) Las proporciones para otro tipo de áreas de exhibición, serán aquellas que correspondan según las normas de construcción, decoración, sanidad y seguridad que establezcan los organizadores, así como el propio centro donde se lleve a cabo cada evento ferial en específico.

Artículo 159. En todos los eventos feriales que cuenten con franquicias para su celebración, la Autoridad Nacional de Aduanas, previa solicitud del promotor del evento, habilitará las áreas solicitadas como un depósito aduanero temporal y establecerá las medidas de control y fiscalización pertinentes a fin de que las mercancías que sean introducidas al mismo, para efectos de exhibición o venta, estén relacionadas con la actividad que el respectivo evento promueva.

Artículo 160. La reexportación de las mercancías exhibidas y demás materiales relacionados con la feria internacional, podrá llevarse a cabo dentro de los treinta (30) días siguientes a la terminación del evento, de lo contrario, causarán los impuestos respectivos.

Artículo 161. La Autoridad Nacional de Aduanas mantendrá un inventario de las mercancías introducidas al Depósito ferial por cada expositor, para lo cual los expositores deberán aportar información suficiente, de modo que en el inventario aparezca la marca, modelo, descripción o numeración que permita la identificación individual y especifica de la mercancía, inclusive adjuntando catálogos, folletos, literatura, fotografías o cualquier otro medio. La Autoridad Nacional de Aduanas tendrá la responsabilidad de verificar en las áreas de exposición contratadas por cada expositor, la existencia de la mercancía declarada.

Artículo162. Para obtener la exoneración, la empresa expositora deberá ajustarse a los procedimientos establecidos por la Autoridad Nacional de Aduanas y utilizar los formularios de control suministrados por ella. El incumplimiento de cualquiera de las disposiciones legales relacionadas con la importación y exoneración de las mercancías exhibidas o de las disposiciones establecidas en el presente Decreto de Gabinete, dará origen a la obligación tributaria aduanera y el pago de los tributos correspondientes.

Artículo 163. El presente Decreto de Gabinete se aplicará a todos los eventos feriales que gocen de franquicia arancelaria concedida por el Consejo de Gabinete.

Si al tramitar una destinación aduanera se incurre en el pago en exceso de impuestos, será necesario solicitar la devolución de éstos, ante la administración de aduanas que corresponda. Este procedimiento se debe llevar a cabo de acuerdo con el siguiente procedimiento:

Procedimiento para solicitar a la Autoridad Aduanera la Devolución de los Tributos Aduaneros Pagados en Exceso

Artículo 164. Cuando se detecte un faltante de mercancías o exista un error en el peso, cantidad, medida o en el valor declarado, que cause un pago de tributos mayor al que corresponda, se podrá solicitar la devolución de lo pagado en exceso, correspondiéndole a La Autoridad Nacional de Aduanas el reconocimiento de la existencia del tributo pagado en exceso y su devolución.

El plazo máximo dentro del cual se podrá presentar la solicitud ante la administración regional de aduanas respectiva será de cuatro (4) años a partir de la fecha de registro de la declaración.

Contra las decisiones de los administradores regionales, se podrá interponer dentro de los ocho (8) días hábiles siguientes, el recurso de apelación ante Comisión Arancelaria hasta tanto se implemente el Tribunal Aduanero, el que agotará la vía gubernativa.

Artículo 165. Se procederá a la devolución de los tributos Aduaneros en los casos siguientes:

Respecto a las mercancías importadas que se hayan encontrado defectuosas o que de otro modo no se encontraran conforme a las especificaciones convenidas al momento de la importación y que sean devueltas al proveedor;

a) Cuando por error del declarante en el aforo, se detecte un faltante de mercancías o exista un error en el peso, cantidad, medida o en el valor declarado que, cause un pago de tributo mayor al que corresponda;

b) Cuando se compruebe durante el proceso de desaduanamiento (retiro de mercancías liquidada de un recinto aduanero), o luego del despacho de las mercancías, que la base imponible o el derecho aduanero a la importación sobre la cual se calculó era incorrecto;

c) Las mercancías que al momento de su nacionalización no cumpla con algún requisito establecido por otra Autoridad competente y que estos hayan sido incinerados o exportados definitivamente;

d) Cuando se compruebe que las mercancías estén dañadas o destruidas por consecuencia de un accidente o por causa de fuerza mayor. Estos hechos pueden ocurrir mientras aún se encuentran bajo el control aduanero; y

e) En los casos previstos en los Tratados Comerciales vigentes en la República de Panamá. En estos casos se aplicarán los términos y mecanismos de devolución desarrollados o contenidos en cada uno de ellos.

No obstante, lo anterior, la utilización de las mercancías no impedirá la devolución en casos de que dicha utilización haya sido indispensable para constatar sus defectos u otras circunstancias que motiven su exportación definitiva. Sin embargo, no procederá la devolución de impuestos si las mercancías importadas hubiesen excedido el término de treinta (30) días calendario o el periodo de almacenamiento recomendado previo a su uso.

Artículo 166. La solicitud de devolución de impuesto, por tributos pagados en exceso debe dirigirse al Administrador Regional correspondiente, de la Autoridad Nacional de Aduanas, expresando los hechos que motivan su solicitud, la cual deberá ser acompañada de la documentación siguiente:

a) Poder otorgado por el propietario al representante legal o a su agente corredor de aduanas para la persona natural o jurídica, debidamente autenticado;

b) Certificado original de Registro Público;

c) Fotocopia de cédula de identidad personal del contribuyente en caso de persona natural.

d) Anexar la prueba del pago y aquellos documentos de los cuales en concurrencia con ésta surge el derecho a devolución.

Artículo 167. Trámite de la devolución por tributos pagados en exceso. Recibida la solicitud de devolución se procederá a verificar el cumplimento de los requisitos formales del artículo anterior. Cuando la solicitud cumpla con todos los requisitos se procederá a su análisis y tramitación correspondiente.

Artículo 168. En caso de que la solicitud adolezca de alguno de los requisitos o se requiera información adicional o complementaria, se le notificará por escrito al contribuyente quien en un término de diez (10) días hábiles contados a partir de la fecha de la notificación, deberá aportar lo solicitado, con el propósito de que los administradores regionales emitan el acto administrativo que pone fin a la instancia.

La tramitación administrativa ante la Autoridad Nacional de Aduanas se enmarca dentro de lo establecido en el artículo 10 del Decreto Ley 1 de 13 de febrero de 2008, el cual señala:

Artículo 10. Fuentes del régimen jurídico aduanero. La jerarquía de las fuentes del régimen jurídico aduanero se sujetará al siguiente orden:

1. La Constitución Política de la República de Panamá.

2. Los tratados internacionales y las demás disposiciones de Derecho Internacional en

materia aduanera y de comercio exterior, que resulten aplicables.

3. El presente Decreto Ley y las demás leyes y normas que en materia aduanera y de comercio exterior resulten aplicables.

4. Los Decretos de Gabinete y los Decretos Ejecutivos expedidos por el Órgano Ejecutivo en reglamentación de las leyes.

5. Las resoluciones y demás disposiciones dictadas por la entidad regente de la actividad aduanera nacional en desarrollo o para la ejecución de las normas reglamentarias.

El artículo 10 nos indica el marco legal dentro del cual debe encausarse el accionar ante la aduana. Y en ese sentido, nos remite a las disposiciones legales que rigen todo el actuar de la administración aduanera, esto es, las leyes y reglamentos a los cuales estamos sometidos funcionarios y particulares, cada uno en su ámbito de actuación. Cada disposición aduanera indica el procedimiento que debe seguirse en cada caso, sin embargo, en los casos aquellos en los cuales no hay claridad en las leyes y ordenanzas de aduana, debemos remitirnos a las llamadas "normas supletorias", que no son más que aquellas leyes que llenan los vacíos de otras leyes.

Ahora, las normas supletorias no pueden ser invocadas de forma antojadiza, sino que la ley a la cual se suple, debe indicar cuál es su norma supletoria. En el caso de la República de Panamá, la norma aplicable supletoriamente al proceso administrativo, lo es la <u>Ley 38 de 31 de julio de 2000, la cual señala en sus artículos 34 y 37,</u> lo siguiente;

Artículo 34. Las actuaciones administrativas en todas las entidades públicas se efectuarán con arreglo a normas de **informalidad, imparcialidad, uniformidad, economía, celeridad y eficacia**, garantizando la realización oportuna de la función administrativa, sin menoscabo del debido proceso legal, con objetividad y con apego al principio de estricta legalidad. Los ministros y las Ministras de Estado, los Directores y las Directoras de entidades descentralizadas, Gobernadores y Gobernadoras, Alcaldes y Alcaldesas y demás Jefes y Jefas de Despacho velarán, respecto de las dependencias que dirijan, por el cumplimiento de esta disposición. Las actuaciones de los servidores públicos deberán estar presididas por los principios de lealtad al Estado, honestidad y eficiencia, y estarán obligados a dedicar el máximo de sus capacidades a la labor asignada.

Artículo 37. Esta Ley se aplica a todos los procesos administrativos que se surtan en cualquier dependencia estatal, sea de la administración central, descentralizada o local, incluyendo las empresas estatales, salvo que exista una norma o ley especial que regule un procedimiento para casos o materias específicas. En este último supuesto, si tales leyes especiales contienen lagunas sobre aspectos básicos o trámites importantes contemplados en la presente Ley, **tales vacíos deberán superarse mediante la aplicación de las normas de esta Ley.**

Procesos Administrativos que se tramitan ante la Autoridad Nacional de Aduanas.

Las infracciones aduaneras están configuradas por los hechos descritos en la legislación, comunitaria (CAUCA y RECAUCA) o nacional.

A partir de la aprobación de la Ley 26 de 17 de abril de 2013, la República de Panamá se incorpora al subsistema de integración económica del sistema de la integración centroamericana y con ello, adopta entre otros instrumentos, el Código Aduanero Uniforme Centroamericano (CAUCA) y Reglamento (RECAUCA).

Al adoptar el CAUCA y RECAUCA se incorpora a nuestra legislación administrativa aduanera, los tipos conocidos ahora como "infracciones aduaneras".

Ahora bien, es imperativo el recordar que la Ley 30 de 8 de noviembre de 1984, en su artículo 3, señalaba:

Artículo 3: Las infracciones aduaneras o de orden

tributario cuya fiscalización o control correspondan a la aduana, pueden ser constitutivas de **faltas** o delitos de contrabando o defraudación aduanera".

Por su lado, el artículo 4 de la citada Ley 30, expresaba, que "Son faltas aquellas infracciones a las normas aduaneras determinadas en la presente Ley".

Y es el artículo 6, el que claramente señala que "La única sanción para una falta es la multa, sin perjuicio del pago de las sumas correspondientes a los gravámenes que aplica la aduana".

Hasta este punto, ambas legislaciones, la Ley 30 y el CAUCA, tipifican las infracciones aduaneras, sin embargo, al desarrollarlas, los tipos o definiciones, varían, puesto que la Ley 30 tipificaba faltas "leves" y "graves", por su lado, el CAUCA tipifica infracciones aduaneras, que no faltas, y las separa en:

a) **Infracción administrativa**: es toda acción u omisión que signifique trasgresión a la legislación aduanera, que no cause perjuicio fiscal ni constituya delito.

b) **Infracción tributaria**: es toda acción u omisión que signifique trasgresión o tentativa de transgresión de la legislación aduanera que cause, o pueda causar perjuicio fiscal y no constituya delito.

c) **Infracción aduanera penal**: toda acción u omisión que signifique transgresión o tentativa de transgresión de la legislación aduanera, **constitutiva de delito**.

En ese mismo orden, el ejecutivo está obligado a establecer los montos que, en concepto de multas, corresponda aplicar a cada tipo de falta, lo que a la fecha no se ha hecho.

En el decreto de gabinete 12 de 29 de marzo de 2016, se señala, en su artículo 169, la aplicación de un recargo de 50% del monto del derecho de importación dejado de pagar (lo que conocemos como un alcance), sin embargo, este monto se tipifica como "recargo", no como "multa".

Esta diferencia en los términos es importantísima al momento de su aplicación, ya que, para poder imponer una multa, ésta debe estar tipificada exactamente (expresada, determinada), en una ley anterior al momento en que se cometió la falta, toda vez que un recargo no es lo mismo que una multa.

Un recargo, es en sentido propio, "aumento producido sobre un tributo mediante la aplicación de un porcentaje adicional a su base o a su cuota". **(Diccionario Jurídico Espasa, Editorial Espasa Calpe S.A Madrid, España 2005)**

Una multa, en cambio, es una sanción pecuniaria. Es la obligación de pagar una determinada cantidad, así como la conducta o prestación obligatoria. La multa se concibe no solo en el ámbito penal, sino también en el administrativo, como sanción administrativa. **(Diccionario Jurídico Espasa, Editorial Espasa Calpe S.A Madrid, España 2005)**

Toda actuación administrativa que lleve a cabo la aduana debe enmarcarse dentro del llamado "principio de legalidad", para que sea válida y se cumpla por parte del sujeto obligado, de lo contrario, dicha actuación estará viciada de nulidad. Por ejemplo, si una resolución de cualquier administración regional de aduanas, en su parte resolutiva, condena a un contribuyente al pago de una "multa de 50% de recargo", por un alcance, esa resolución debe ser apelada ante el Tribunal Aduanero y debe solicitarse su nulidad, porque al contribuyente no se le puede imponer dos sanciones (multa y recargo), por un solo acto. El principio de legalidad está establecido en el CAUCA en su artículo 131.

Veamos ahora algunos procesos administrativos que surgen al desarrollarse las actividades cotidianas ante la Autoridad Nacional de Aduanas.

Prescripción: se solicita a la Administración Regional de Aduanas donde se haya tramitado la declaración de aduanas, se perfecciona cuando se cumple el plazo establecido en las normas que rigen la relación entre el surgimiento de la obligación aduanera y el pago de la misma. Este plazo para el CAUCA es de cuatro años y para el Decreto Ley 1 de 13 de febrero de 2008 es de siete años, a partir de la aceptación de la declaración por la aduana.

Solicitudes y peticiones: Son aquellas que se hacen basados en el derecho constitucional de petición y que deben ser respondidas a través de un procedimiento administrativo determinado o a través de una jurisdicción especial.

Resoluciones Administrativas: Las resoluciones administrativas pueden versar acerca de asuntos institucionales o de administración de justicia en un proceso aduanero. Un ejemplo sería una discrepancia de aforo, de valor, origen u otra.

Resoluciones Operativas: Las resoluciones operativas se generan para crear nuevos procedimientos, reglamentar los ya existentes o dejarlos sin efecto.

Resoluciones Anticipadas: Fueron establecidas para dar certeza en la clasificación, origen, valor, de las mercancías. Tienen validez por 5 años a partir de su promulgación.

Otras Resoluciones: Las que la Autoridad Aduanera considere necesario emitir para la buena marcha de la organización. Como ya explicamos, con la aprobación de la Ley 26 de 17 de abril de 2013, la República de Panamá, se constituyó en miembro pleno del Subsistema de Integración Económica Centroamericana, de conformidad con lo establecido en el Artículo IV del Título VI (Disposiciones Transitorias) del Protocolo de Guatemala suscrito el 29 de octubre de 1993.

Al adoptarse el precitado Protocolo entró en vigencia en nuestro país el Código Aduanero Uniforme Centroamericano y el Reglamento al Código Aduanero Uniforme Centroamericano, en adelante (CAUCA) y (RECAUCA), sujetos a los plazos y condiciones que se establecieron en el Apéndice 3.2 (d) del Protocolo de Incorporación de la República de Panamá al Subsistema de Integración Económica Centroamericana.

El CAUCA en su TITULO VIII que trata de "DE LAS INFRACCIONES Y RECURSOS ADUANEROS", define las: INFRACCIONES ADUANERAS Y SUS SANCIONES, así como sus normas supletorias.

El artículo 133 del CAUCA determina la supletoriedad a utilizarse, se ser necesario:

Artículo 133. Normas supletorias; En lo no previsto en el presente Código y su Reglamento, se estará a lo dispuesto por la legislación nacional. **(el subrayado es nuestro)**

El reglamento del Código Uniforme Aduanero Centroamericano (RECAUCA), por su parte, define e indica cuales son los recursos a los cuales tienen derecho los contribuyentes, al sentirse afectados por una acción que haya ejercido la Administración Aduanera, en su contra, los cuales se detallan en él;

TÍTULO VIII
IMPUGNACIÓN DE RESOLUCIONES Y ACTOS DEL SERVICIO ADUANERO.

CAPÍTULO I: RECURSOS

Artículo 623. Recurso de revisión. Contra las resoluciones o actos finales dictados por la Autoridad Aduanera, que determinen tributos o sanciones, podrá interponerse, por parte del consignatario o la persona destinataria del acto, el recurso de revisión ante la autoridad superior del Servicio Aduanero, dentro del plazo de los diez días siguientes a la notificación de la resolución que se impugna. Dicho recurso deberá ser presentado ante la autoridad que dictó el acto o ante la autoridad superior del Servicio Aduanero, en ambos casos el expediente que dio lugar al acto deberá remitirse dentro del plazo de cinco días siguientes a la fecha de recepción del recurso a la autoridad superior. Dentro del plazo de veinte días siguientes a la recepción del expediente administrativo por la autoridad superior del Servicio Aduanero, ésta deberá resolverlo. (este recurso está exceptuado en la República de Panamá y por lo tanto no es aplicable)

Artículo 624. Impugnación de actos de la autoridad superior del Servicio Aduanero.

Contra las resoluciones o actos finales que emita la autoridad superior del Servicio Aduanero, por los que se determinen tributos, sanciones o que causen agravio al destinatario de la resolución o acto, en relación con los regímenes, trámites, operaciones y procedimientos regulados en el Código y este Reglamento, o que denieguen total o parcialmente el recurso de revisión, cabrá el recurso de apelación, el que deberá interponerse dentro del plazo de diez días siguientes a la notificación de la resolución o acto final respectivo.

Artículo 625. Recurso de apelación. El recurso de apelación se interpondrá ante la autoridad superior del Servicio Aduanero, la que se limitará a elevar las actuaciones al órgano de decisión a que se refiere el Artículo 128 del Código, en los tres días siguientes a la interposición del recurso. Interpuesto el recurso el órgano competente deberá resolver en un plazo de treinta días contados a partir del día siguiente al de la recepción del recurso. El órgano competente que resuelva dará por agotada la vía administrativa.

Artículo 626. Diligencias para mejor resolver. Cuando la autoridad que conozca de un recurso ordene de oficio o a petición de parte la práctica de alguna diligencia tendiente a obtener elementos que coadyuven a resolver la cuestión puesta a su conocimiento, el plazo para emitir la resolución definitiva se suspenderá hasta que tal diligencia se hubiera efectuado. En todo caso, el plazo que se señale para la práctica de las diligencias a que se refiere el párrafo anterior, será de diez días, el que podrá ser prorrogado a solicitud del recurrente hasta por otro plazo igual, por una sola vez y en casos debidamente justificados por el mismo. Contra la providencia que ordene las diligencias para mejor resolver, no cabrá recurso alguno.

Artículo 627. Formalidades para la interposición de los recursos. Los recursos se interpondrán por escrito en papel común y deberán contener al menos lo siguiente:

a) Designación de la autoridad, funcionario o dependencia a que se dirija;

b) Nombres, apellidos, calidades o generales de ley del recurrente; cuando no actúe en nombre propio debe además acreditar su representación;

c) Dirección o medios para recibir notificaciones;

d) Identificación de la resolución o acto recurrido y las razones en que se fundamenta la inconformidad con el mismo, haciendo relación circunstanciada de los hechos y de las disposiciones legales en que sustenta su petición;

e) Petición que se formula; y

f) Fecha y firma.

¿Quién puede interponer recursos ante la Administración Aduaneras?

El numeral 49 del artículo 14 del Decreto Ley 1 de 13 de febrero de 2008 señala que: "No se incluyen como gestiones conexas aquellas relacionadas con la notificación y presentación de recursos administrativos ante la Administración Aduanera". Por ello, los agentes corredores de aduanas deben evitar el viciar un fallo o la negación de un recurso, por recurrirlo ellos directamente. Todo recurso administrativo o penal presentado ante cualquier instancia de la Administración debe ser presentado por un abogado investido con los poderes suficientes y necesarios para actuar a nombre del contribuyente afectado.

Es imprescindible que conozcamos las faltas que pueden ser aplicadas a las tramitaciones que realizamos, así como los recursos a los cuales tenemos derecho en el evento que se nos aplique alguna de ellas. También es importante el conocer en qué momento se aplica la prescripción del pago de los derechos, de acuerdo a las leyes que nos rigen.

Esta verificación debe hacerse antes de proceder con cualquier solicitud de prórroga del instrumento que se trate, a saber, un depósito de garantía, una declaración de aduanas o una multa.

Igualmente es fundamental el saber que ningún funcionario puede quebrantar el principio de legalidad de las actuaciones y que, si lo hace, ese solo hecho provoca la nulidad de lo actuado, esto es, que la resolución o fallo deje de tener efecto, por falta al debido proceso legal.

Para ello, la premisa es saber analizar las resoluciones y conocer aquellas causas que, sin entrar en el fondo de la cuestión, podrían ser causales de nulidad o anulación de la resolución atacada.

Es entonces pertinente describir lo que la doctrina define como **"resolución"**, a saber:

"La resolución es el acto **debidamente motivado y fundamentado** en derecho, que decide el mérito de una petición, pone término a una instancia o decide un incidente o recurso en la vía gubernativa. Igualmente, la resolución está compuesta de elementos externos e internos. Además de los fundamentos jurídicos que deben sustentar una decisión expresada a través de una resolución, el funcionario que la emite debe motivar su decisión. El solo hecho de que una resolución no esté debidamente motivada, puede acarrear su nulidad, aun cuándo se haya cometido la falta o delito por el cual se penaliza.

Al notificarnos de una resolución de cualquier tipo, deberemos verificar los siguientes puntos:

a) La forma en que ha sido expedida la resolución, esto es, el encabezado, la fecha, la descripción de los fundamentos por los cuales se expide (los considerandos). Es muy frecuente que en la administración aduanera una resolución se expida en forma de una vista y la mismo empiece con la frase "Vistos…. y luego se listen los considerandos. Una resolución emitida con este formulismo, carece de la **forma** que establece la Ley.

b) La motivación de la resolución, que explicamos más adelante.

c) La formulación de responsabilidad, esto es, la causal por la cual se emite la resolución.

d) Su parte resolutiva, que debe expresar la misma causal de responsabilidad esgrimida en la parte motiva. Si la parte resolutiva hace responsable al contribuyente por un cargo diferente al expresado en la parte motiva, se configura la causal de nulidad de la resolución.

e) Los recursos a los cuales tiene derecho el contribuyente para recurrir la resolución, el término para hacerlo, en días hábiles y el nombre del ente ante el cual debe recurrir.

f)   Los fundamentos legales en los cuales se basa la administración para ordenar la sanción.

Entre los elementos externos está la **forma**, la cual es "la concretización de la voluntad de la administración, definida como, "la materialización del acto administrativo, el modo de expresión de la declaración ya formada. Por la forma, el acto administrativo se convierte en físico y objetivo. Es su visibilidad, asegura su prueba y permite conocer su contenido". **(Manual de derecho administrativo, Manuel A. Bernal H., Litho Editora Chen, 2013, pags. 222-259)**

Otro elemento, en este caso interno, de la Resolución, lo es el **motivo** o causa, que son las razones de hecho y de derecho en que se fundamenta la decisión adoptada mediante el acto administrativo, la motivación del acto debe estar contenida dentro de lo que usualmente se denomina "considerandos o parte motiva".

La falta de motivación del acto es una razón o causa para su declaratoria de nulidad. Para una mejor comprensión, leamos lo expresado por el Tribunal Administrativo de Contrataciones Públicas, en Resolución 042/2008 de 8 de mayo de 2008;

"Un examen de la situación planteada nos indica que el meollo del presente proceso se centra en el hecho de que, a juicio del recurrente, la entidad licitante no explica o motiva en la resolución el porqué es descalificada la empresa Magilu Clean S. A., es decir, no se observa una explicación acerca de su no cumplimiento con los requisitos exigidos, con lo cual a su juicio se vicia y debe declararse la nulidad del acto administrativo" **(Proceso Magilu Clean S. A., vs Patronato del Hospital Santo Tomás, Tribunal Administrativo de Contrataciones Públicas)**

¿Qué sucede entonces al existir falta de motivación, en una resolución?

Lo descrito en una resolución dictada por cualquier Administración Regional de Aduanas, que no sustenta los elementos de hecho y derecho que la hayan llevado a decidir una controversia, esto es, que no motive su decisión, es causal de nulidad absoluta de dicha resolución.

La resolución debe señalar claramente, qué normas del Código de Valoración Centroamericano, del Código Aduanero Uniforme Centroamericano (CAUCA) y del reglamento al Código Aduanero Uniforme Centroamericano (RECAUCA), o de la legislación nacional fueron vulneradas. Como ya señalamos, la motivación de las resoluciones administrativas constituye un elemento Imprescindible del derecho. Esta exigencia, común a todo pronunciamiento emanado de los tribunales, forma parte del referido derecho fundamental en su vertiente de derecho, valga la redundancia, a que se dicte una resolución "fundada en Derecho".

La motivación de las resoluciones judiciales se apoya en la necesidad de que el tribunal haga públicas las razones que le han conducido a fallar en uno u otro sentido, demostrando así que su decisión no es producto de la arbitrariedad, sino del correcto ejercicio de la función jurisdiccional que le ha sido encomendada, es decir, dirimiendo la controversia sometida a su conocimiento, precisamente, en aplicación del Derecho.

Por medio de la motivación de la resolución, el juez da a conocer las razones que le han determinado a tomar su decisión, cualquiera que esta sea, permitiendo a las partes apreciar tales fundamentos y, **a la vez, posibilitando el ulterior control por los tribunales superiores.**

Es claro que, el deber de motivar las resoluciones administrativas y judiciales persigue los siguientes fines específicos:

a) garantizar la posibilidad de control del fallo por los tribunales superiores, incluida la propia jurisdicción constitucional por vía del amparo;

b) lograr la convicción de las partes en el proceso sobre la "justicia y corrección" de aquella decisión judicial que afecte los derechos del ciudadano; y

c) mostrar el esfuerzo realizado por el juzgador para garantizar una resolución carente de arbitrariedad.

Entendamos que la motivación de los actos administrativos proviene del cumplimiento de preceptos constitucionales que garantizan que los particulares **tengan la posibilidad de contradecir las decisiones de los entes públicos ante las vías gubernativa** y judicial, evitando de esta forma la configuración de actos de abuso de poder. De esta forma, le corresponde a la administración motivar sus actos y a los entes judiciales decidir si tal argumentación se ajusta o no al ordenamiento jurídico.

La necesidad de motivación del acto administrativo no se reduce a un simple requisito formal de introducir cualquier argumentación en el texto de la resolución.

Por el contrario, la motivación del acto deberá exponer los argumentos puntuales que describan de manera clara, detallada y precisa las razones que llevaron a la Administración Regional de Aduanas que corresponda, a imponer la sanción a un contribuyente. Un proceder distinto violaría el sustento constitucional que da origen a la necesidad de motivar las actuaciones de la administración.

Dado que la falta de motivación de los actos en cuestión involucra la violación al debido proceso, los preceptos de un Estado de Derecho y los principios democráticos y de publicidad del ejercicio de la función pública, la Corte Suprema de Justicia ha recordado que tal vicio constituye una causal de nulidad de los actos administrativos que incurran en ese defecto. De este modo, cuando se esté ante una situación en donde la administración aduanera sancione a una empresa mediante un acto administrativo no motivado, la sanción que dispone el ordenamiento jurídico para dicha actuación es la de la nulidad del acto por configurarse con ella una violación al derecho fundamental al debido proceso.

Así pues, para decidir la viabilidad o rechazo del acto administrativo impugnado, la Administración Tributaria debe tomar en cuenta los principios jurídicos constitucionales, los cuales son aplicables a todo el ordenamiento jurídico, incluido el ámbito tributario. Ante ese escenario, una resolución que adolezca de falta de motivación, o de una motivación no relacionada con el proceso juzgado, transgrede el artículo 31 de la Constitución Nacional, cuyo tenor literal, dice así:

"Artículo 31: Sólo serán penados los hechos declarados punibles por ley anterior a su perpetración y exactamente aplicable al acto imputado".

Para los casos de multas administrativas por faltas, la violación directa de la disposición constitucional antes citada, se perfecciona en el momento en que la autoridad aduanera, a través de la aplicación del artículo 9 literal ch) de la Ley 30 de noviembre de 1984, sanciona al contribuyente, desconociendo la aplicación del Código Aduanero Uniforme Centroamericano y su Reglamento (CAUCA y RECAUCA), que a diferencia de la Ley 30 de noviembre de 1984, tipifica infracciones administrativas y tributarias y no faltas graves o leves.

OBLIGACION DE LEGISLAR Y TIPIFICAR

En el caso de la República de Panamá, que fue uno de los últimos países que se incorporó al Subsistema de Integración Económica Centroamericana, a través de la Ley 26 de 17 de abril de 2013, tal como se dispone en la citada disposición legal, tenía que implementar o hacer ajustes a su legislación aduanera interna desde el 6 de mayo de 2013, esto es, debía regular por ley las nuevas infracciones aduaneras administrativas y tributarias, de competencia de la autoridad aduanera; y tenía además que tipificar por separado las infracciones penales aduaneras (contrabando y defraudación aduanera) de competencia de las autoridades judiciales, pero esa tipificación no se ha hecho hasta el momento.

Al no efectuarse oportunamente los ajustes legales a los cuales se obligó la República de Panamá, mencionados en la legislación interna panameña, no existe ninguna disposición legal que, tipifique el hecho contenido en el artículo 9 literal ch) de la Ley 30 de 8 de noviembre de 1984, por lo cual ningún contribuyente puede ser objeto de estas multas, hasta tanto no sean debidamente incluidas y tipificadas en nuestro ordenamiento jurídico nacional.

Este hecho cierto, a la luz de lo dispuesto en el artículo 36 del Código Civil, estima entonces, "insubsistente" el literal ch) del artículo 9 de la Ley 30 de 8 de noviembre de 1984, que regulaba las faltas graves, toda vez que, al confrontar dicha norma aduanera con las disposiciones regulatorias de las infracciones aduaneras en el Código Aduanero Uniforme Centroamericano (CAUCA) se observa que estas últimas derogaron a las normas de derecho aduanero interno, por ser "incompatibles" con disposiciones especiales posteriores.

Ello debido a que, desde el 6 de mayo de 2013, hasta el momento no existe una disposición legal previa que tipifique las infracciones administrativas y las infracciones aduaneras tributarias, según se indica en los artículos 123 y 124, del CAUCA.

DISPOSICIONES REGULATORIAS ACTUALES

Queremos señalar que el CAUCA, dispone en su Título VIII intitulado "De las infracciones y recursos aduaneros", cuyo Capítulo I se denomina "De las Infracciones Aduaneras y sus Sanciones", lo siguiente:

Las infracciones son conductas que la ley ha definido como acciones u omisiones que incumplen las normas aduaneras, acuerdos, convenios, tratados y otros instrumentos en materia de comercio y las demás que regulan el ingreso y salida de mercancías del territorio nacional; en otras palabras, una Infracción es toda trasgresión o tentativa de trasgresión de la legislación aduanera. De esta manera, las Infracciones aduaneras se clasifican en:

a) Las **Infracciones Administrativas**, son actos u omisiones definidos en la ley, que constituyen un incumplimiento de las normas aduanera o la normativa establecida en acuerdos, convenios, tratados y otros instrumentos en materia de comercio, pero que no causan un perjuicio fiscal, (es decir que no implique que el estado ha dejado de cobrar como resultado de la acción del infractor), pero que no ha sido definida como un delito.

b) **Infracciones Tributarias**, son todos los actos u omisiones definidos en la Ley y que constituyen incumplimiento de la normativa aduanera que cause perjuicio fiscal; es decir, que implique que el Estado ha dejado de cobrar como resultado de la acción del infractor, pero que no están tipificadas como delito.

c) **Infracciones Penales**, están referidas a acciones u omisiones dolosas o culposas tipificadas como delito en la ley que incumplen o violan en materia aduanera o acuerdos, convenios, tratados y otros instrumentos en materia de comercio. Se considera Infracción Penal evitar eludir, alterar, impedir o imposibilitar que la aduana o la autoridad puede efectuar sus actividades de control o causar daño a los medios utilizados en el ejercicio de dicha función, un ejemplo a lo anterior es el delito de contrabando.

En el mismo orden de ideas, podemos indicar que el artículo 126 del CAUCA, establece que las sanciones de las infracciones de carácter administrativo y tributario a la normativa aduanera centroamericana, se regularán conforme **al Reglamento y la legislación nacional.**

Nótese, que la excerta jurídica transcrita en el párrafo anterior, establece que las sanciones de las infracciones de carácter administrativo y tributario a la normativa aduanera centroamericana, se regulará conforme al Reglamento y la **legislación nacional**. Sin embargo, cuando escudriñamos el Reglamento del Código Aduanero Uniforme Centroamericano, observamos que no regula las infracciones tributarias ni las administrativas.

De allí, que nos corresponde establecer si el Estado Panameño ha generado alguna Ley que describa actos u omisiones que se constituyan en Infracciones Administrativas o Infracciones Tributarias y su respectiva sanción.

Sin embargo, y luego de verificar la normativa aduanera nacional podemos advertir que hasta el momento no se ha promulgado legislación alguna que describa los actos u omisiones al régimen aduaneros desarrollados en el CAUCA y RECAUCA, que se consideren infracciones administrativas y tributarias.

Ante esa realidad, no existe posibilidad alguna de que la Autoridad Nacional de Aduanas, pueda sancionar a ningún contribuyente por acciones u omisiones que no están tipificado en nuestro ordenamiento jurídico como infracciones administrativas o tributarias, por lo tanto, no puede ser sancionado, en obediencia al principio *"nulla pena sine legge"*.

* * *

SUPLETORIEDAD DE LA LEY

Ya hablamos acerca de la supletoriedad de la ley, ahora examinemos a la luz del derecho, si la Ley 30 de 1984, que la Autoridad Nacional de Aduanas pretende utilizar en estos casos, es supletoria al CAUCA y RECAUCA.

Una norma es defectuosa cuando presenta lagunas de magnitud tal que habilita necesariamente la sustitución o reemplazo del mismo por otro que carezca de tal defecto, actualizándose con esto la **aplicabilidad supletoria.**

Por su parte, la supletoriedad de las normas opera cuando existiendo una figura jurídica en un ordenamiento legal, ésta no se encuentra regulada en forma clara y precisa, sino que es necesario acudir a otro cuerpo de leyes para determinar sus particularidades.

Entonces, la supletoriedad normativa aplica sólo para integrar una omisión en la ley o para interpretar sus disposiciones en forma que se integre con principios generales contenidos en otros ordenamientos legales.

Cuando la referencia de una ley a otra es expresa, debe entenderse que la supletoriedad se hará en los supuestos no contemplados por la primera, que la complementará ante posibles omisiones o para la interpretación de sus disposiciones.

Por tal motivo, la referencia a leyes supletorias es la determinación de las fuentes a las cuales una ley acudirá para deducir sus principios y subsanar sus omisiones.

La supletoriedad expresa debe considerarse en los términos que la legislación misma la establece; de esta manera, es una cuestión de aplicación para dar debida coherencia al sistema jurídico.

El mecanismo de supletoriedad se observa generalmente de leyes de contenido especializado con relación a leyes de contenido general.

El carácter supletorio de la ley resulta en consecuencia, de una integración y reenvío de un ordenamiento especializado a otros textos legislativos generales que fijen los principios aplicables a la regulación de la ley suplida. Al respecto cabe y debe señalarse que para que opere la figura jurídica en análisis, se deben cumplir los requisitos siguientes:

a) Que el ordenamiento que se pretenda suplir, lo admita expresamente y señale el estatuto supletorio;

b) Que el ordenamiento objeto de supletoriedad prevea la institución de que se trate

c) Que no obstante esa previsión, las normas existentes en tal cuerpo jurídico sean insuficientes para su aplicación a la situación concreta presentada, por carencia total o parcial de la reglamentación necesaria; y,

d) Que las disposiciones o principios con los que se vaya a llenar la deficiencia, no contraríen, de algún modo, las bases esenciales del sistema legal de sustentación de la institución suplida.

Ante la falla de uno de estos requisitos, no puede operar la supletoriedad de una legislación a otra. Veamos, entonces, si la Ley 30 de 1984, es supletoria a las normas desarrolladas en el CAUCA y RECAUCA.

Lo anterior no es posible, es decir, la supletoriedad de la que es objeto la legislación aduanera, desarrollada en el artículo 133 del CAUCA, no pueden ser suplidas por la Ley 30 de 1984, dado que esta norma en su momento pasaba a tipificar acciones u omisiones a las normas aduaneras derogadas en el Libro III del Código Fiscal, por lo dispuesto en el artículo 15 de la derogada Ley 41 de 1996,

No obstante, lo anterior, la previsión de aplicar normas supletorias desarrolladas en el artículo 133 del CAUCA, ante la omisión total en el Reglamento de las infracciones administrativas y tributarias, nos lleva a desarrollar en nuestro ordenamiento jurídico una nueva normativa donde se tipifiquen las acciones u omisiones al CAUCA y RECAUCA, que se consideren infracciones tributarias, administrativas y penales. Indicamos, asimismo que la Ley 30 de 1984, con la cual se pretende llenar tal insuficiencia, es decir, del RECAUCA, no puede ser aplicada ya que es contraría a las bases del sistema legal de sustentación de la institución aduanera suplida, ya que esta tipifica acciones a normas derogadas, las cuales por lógica no forman parte del régimen aduanero comunitario actual. Por otro lado, resulta contrario a derecho pretender que las faltas y sanciones que no están tipificadas en el régimen aduanero actual puedan ser suplidas con una norma que tipifica infracciones aduaneras ya derogadas.

En virtud de lo señalado en el Decreto de Gabinete 12 de 29 de marzo de 2016, se establece que:

Artículo 179. La norma supletoria para atender los vacíos en el procedimiento administrativo aduanero del presente Decreto de Gabinete, se resolverán por las disposiciones de la Ley 38 de 2000, sobre el Procedimiento Administrativo General.

No obstante, lo anterior, en el procedimiento administrativo aduanero no podrá interponerse el recurso de revisión administrativa o cualquier otro recurso establecido en el Procedimiento Administrativo General, distintos a los contemplados en este Decreto de Gabinete.

¿Cuáles son las otras causales de nulidad de una resolución emitida por la Autoridad Nacional de Aduanas?

La Ley 38 de 31 de julio de 2000, señala igualmente 5 causales de nulidad de una resolución, a saber:

Artículo 51. Los actos administrativos no podrán anularse por causas distintas de las consagradas taxativamente en la ley. Cuando se presente un escrito o incidente que pretenda la anulación de un acto por una causa distinta de las mencionadas en este Título, la autoridad competente lo devolverá al interesado, le advertirá la causa de su devolución y le concederá un término de ocho días hábiles para que, si lo tiene a bien, presente el escrito corregido. Una vez expirado ese término, precluirá la oportunidad de repetir la misma gestión. Las otras irregularidades del proceso, que la ley no erija en causal de nulidad, se tendrán por saneadas <u>si no se reclaman</u> oportunamente por medio de los recursos legales.

Artículo 52. Se incurre en vicio de nulidad absoluta en los actos administrativos dictados, en los siguientes casos:

1. Cuando así esté expresamente determinado por una norma constitucional o legal;

2. Si se dictan por autoridades incompetentes;

3. Cuando su contenido sea imposible o sea constitutivo de delito;

4. Si se dictan con prescindencia u omisión absoluta de trámites fundamentales que impliquen violación del debido proceso legal;

5. Cuando se graven, condenen o sancionen por un tributo fiscal, un cargo o causa distintos de aquellos que fueron formulados al interesado.

Artículo 53. Fuera de los supuestos contenidos en el artículo anterior, será meramente anulable, conforme a las normas contenidas en este Título, todo acto que incurra en cualquier infracción del ordenamiento jurídico, incluso la desviación de poder.

LA PRESCRIPCION:

Otra forma en que la Autoridad Aduanera, pierde el derecho de cobrar una obligación, es **la prescripción**, tipificada en los artículos 58 del CAUCA y 74 del Decreto Ley 1 de 13 de febrero de 2008.

La prescripción simplemente establece el tiempo durante el cual la obligación es exigible, pasado ese tiempo sin que la Autoridad haya hecho los esfuerzos de cobrar esa obligación, la misma se extingue, deja de existir y no puede ser cobrada al contribuyente.

CAUCA Artículo 58. Medios de extinción de la obligación tributaria aduanera; La obligación tributaria aduanera se extingue por los medios siguientes:

a) pago, sin perjuicio de los posibles ajustes que puedan realizarse con ocasión de verificaciones de la obligación tributaria;

b) compensación;

c) prescripción;

d) aceptación del abandono voluntario de mercancías;

e) adjudicación en pública subasta o mediante otras formas de disposición legalmente autorizadas de las mercancías abandonadas;

f) pérdida o destrucción total de las mercancías por caso fortuito o de fuerza mayor o destrucción de las mercancías bajo control aduanero; y,

g) otros medios legalmente establecidos.

La facultad del Servicio Aduanero para exigir el pago de los tributos que se hubieran dejado de percibir (**la prescripción de la obligación),** sus intereses y recargos de cualquier naturaleza prescribe en **cuatro años.**

Igual plazo tendrá el sujeto pasivo para reclamar la restitución de lo pagado indebidamente por tributos, intereses y recargos de cualquier naturaleza. Lo pagado para satisfacer una obligación tributaria aduanera prescrita no puede ser materia de repetición, aunque el pago se hubiera efectuado con conocimiento de la prescripción o sin él.

¿Qué es la prescripción?:
A fin de comprender el fenómeno jurídico de la prescripción, es necesario realizar algunas reflexiones sobre la obligación tributaria aduanera su nacimiento, ejecución y modificación. Para ello, nos referiremos a la relación jurídica aduanera, en los términos siguientes:

1. La relación jurídica aduanera

En general, la Ley de Aduanas opta por establecer un concepto restringido al señalar que la "relación jurídica aduanera estará constituida por los derechos, los deberes y las obligaciones de carácter tributario aduanero, que surgen entre el Estado, los particulares y otros entes públicos, como consecuencia de las entradas y salidas, potenciales o efectivas de mercancías, del territorio aduanero."

La restricción consiste en limitar su extensión a aquellos derechos y obligaciones de Carácter Tributario Aduanero. Por éstos, únicamente se pueden entender los que tienen relación con aspectos tributarios formales o materiales.

Obligaciones como la presentación de permisos y el cumplimiento de otras disposiciones que regulan el comercio exterior, que no tienen un carácter tributario, no formarían parte del concepto y son lo que se conoce como "barreras no tributarias".

2. Concepto y nacimiento de la obligación tributaria aduanera.

Podemos señalar que la obligación tributaria aduanera, es el vínculo jurídico que surge entre el Estado y el sujeto pasivo por la realización del hecho generador previsto en la Ley, la cual está constituida por los tributos exigibles en la importación y exportación de mercancías.

La legislación aduanera establece que el "hecho generador de la obligación tributaria es el presupuesto establecido por la ley para tipificar el tributo y cuya realización origina el nacimiento de la obligación".

Como ocurre con los demás tributos, realizado el hecho generador, nace a la vida jurídica una obligación tributaria. Por lo tanto, independientemente de la voluntad del importador o exportador o de la misma Autoridad Aduanera, con el hecho generador nace la obligación del pago.

De la definición que efectúa la legislación nacional se pueden señalar dos efectos o funciones del hecho generador:

a. Por un lado "tipifica el tributo"
b. Por otro, hace "nacer" la obligación tributaria aduanera.

Así pues, la normativa aduanera establece una serie de actos, hechos o situaciones que configuran un hecho generador, por ello, podemos indicar que, en los regímenes definitivos de importación y exportación, sus modalidades y en los regímenes temporales y de perfeccionamiento activo, el hecho generador se perfecciona al aceptar la declaración aduanera.

El acto que generalmente constituye el hecho generador es la "aceptación" de la declaración aduanera, sobre todo respecto al procedimiento más común de importación, el de la importación definitiva.

Contrario a lo que sucede en otros tributos, por ejemplo, las obligaciones tributarias derivadas de un contrato de compraventa o en el caso del impuesto sobre la renta, en materia aduanera la aceptación es un acto administrativo otorgado por la Autoridad Aduanera al declarante, que ha manifestado su voluntad en uso del principio de autodeterminación señalado en la normativa. En consecuencia, el nacimiento de la Obligación Tributaria Aduanera depende de ese acto administrativo.

Ahora bien, la Autoridad Aduanera no decide de por sí el dar por aceptada o no una declaración aduanera, sino que, el hecho generador depende de la manifestación de la voluntad del interesado, de solicitar mediante la declaración, la aplicación de un determinado régimen aduanero.

Sin embargo, una vez aceptada la declaración aduanera, el nacimiento de la Obligación Tributaria Aduanera no depende de la Autoridad Aduanera, del agente aduanero o del consignatario, sino de la norma, por ello se dice que es una obligación de origen legal.

El hecho generador hace nacer la obligación tributaria aduanera pero no necesariamente la obligación de pago, esto sucede, en materia aduanera, con los regímenes temporales o suspensivos y los regímenes de perfeccionamiento.

En los regímenes aduaneros definitivos de la importación y exportación el hecho generador de la obligación tributaria aduanera se produce al momento de aceptación de la declaración de aduanas respectiva.

En los regímenes suspensivos del pago de derechos e impuestos se entenderá acaecido el hecho generador al momento de la aceptación de la declaración al régimen, para el solo efecto de determinar el monto de la garantía que caucionará los tributos y otras cargas fiscales.

En caso de cambio de régimen suspensivo a otro definitivo se estará a lo dispuesto en el párrafo anterior.

4. Medios de extinción de la obligación tributaria aduanera:

De conformidad con el artículo 74 del Decreto Ley 1 de 13 de febrero de 2008, la obligación tributaria aduanera se extingue por alguno de los siguientes medios:

1. Pago, sin perjuicio de los posibles ajustes que puedan realizarse con ocasión de verificaciones de la obligación tributaria.

2. Compensación.

3. **Prescripción**.

4. Declaratoria de abandono de las mercancías.

5. Adjudicación en pública subasta aduanera o

mediante otras formas de disposición legalmente autorizadas de las mercancías abandonadas a favor de La Autoridad.

6. Pérdida o destrucción total o parcial de las mercancías bajo custodia aduanera, por caso fortuito o fuerza mayor. No se extingue la obligación tributaria en los casos en que la pérdida o destrucción total o parcial se produzca por culpa o negligencia del sujeto pasivo de la obligación tributaria, es decir, el consignatario, el almacenador o transportista, según corresponda.

7. Otros medios legalmente establecidos.

La norma transcrita claramente señala que la prescripción es una <u>causal extintiva de las obligaciones en general</u>.

En ese sentido, el artículo 78 del Decreto Ley 1 de 2008, establece que "prescribe en **siete** años la facultad de la autoridad aduanera para exigir el pago de los tributos que se hubieran dejado de percibir, sus intereses y recargos de cualquier naturaleza.

Así pues, la solicitud de prescripción de la acción de la Administración Aduanera para exigir el pago de la obligación tributaria, de conformidad con el precitado artículo 78 del Decreto Ley 1 de 2008, supone el ejercicio de un derecho del deudor tributario, bajo la forma de petitorio, para oponerse al cobro de la deuda, **incluso si esta estuviese en proceso de cobranza coactiva,** basado, por su propia naturaleza, únicamente en el vencimiento del plazo legalmente establecido para el ejercicio de la acción de la Administración de exigir dicho pago, <u>deviniendo en</u> **inexigible e incobrable** <u>la obligación tributaria por extinción de la referida acción por el paso del tiempo</u>.

Al respecto, el **Diccionario de la Lengua Española** define la prescripción como el *"Modo de extinguirse un derecho como consecuencia de su falta de ejercicio durante el tiempo establecido por la ley'.*

Por su parte, **Cabanellas** define la prescripción extintiva como *"un modo de extinguir derechos patrimoniales por no ejercitarlos su titular durante el lapso determinado en la ley".*

En materia Civil, el jurista Fernando Vidal Ramírez ha señalado que *"El fundamento de la prescripción es el orden público, pues conviene al interés social liquidar situaciones pendientes y favorecer su solución. La prescripción se sustenta, por tanto, en la seguridad jurídica ...;* asimismo, define que *"La prescripción es el medio o modo por el cual, en ciertas condiciones, el transcurso del tiempo modifica sustancialmente una relación jurídica".*

De las definiciones y comentarios citados, se infiere que para que se produzca la prescripción deben concurrir sólo dos elementos principales: el transcurso del tiempo señalado en la ley y la inacción por parte del acreedor para exigir al deudor el pago de una deuda.

La Resolución N.º TAT-RF-042 de 12 de mayo de 2014, proferida por el Tribunal Administrativo Tributario, resulta pertinente a este tipo de caso, de la cual me permito reproducir algunos segmentos:

... En ese orden de ideas, es de observar que la prescripción es una forma de extinción de derechos generada por la inactividad de su ejercicio, durante un lapso de tiempo legalmente establecido. Tal pérdida de derechos, es una especie de censura que dispone la ley, cuando el titular de ellos los ha dejado en el abandono, durante un periodo de tiempo, es decir, sin que, en medio de dicho periodo, haya dado alguna demostración de interés inherente a la conservación, reconocimiento e integridad de los mismos.

De allí que la prescripción, como institución del Derecho Civil, es un mecanismo de oposición frente a la exigencia judicial de un derecho y desde el punto de vista de los Derechos Reales, es una forma de obtención legítima de la propiedad, cuando por razón del transcurso la duración en el tiempo de la posesión de un bien, esta se convierte en propiedad, lo que se conoce como **usucapión**.

Es por ello, que para comprender en que consiste la prescripción regulada en los Artículos 737 y siguientes del Código Fiscal, resulta de suma relevancia conocer la distinción entre la prescripción adquisitiva y la prescripción extintiva y en cuál de ellas encaja la prescripción de carácter fiscal.

La diferencia entre la prescripción adquisitiva y la prescripción extintiva, es que mientras esta prescribe el derecho de acción, extinguiéndolo, a causa de su ejercicio prolongado en el tiempo, en aquella se prescribe concretamente el dominio o bien el derecho real, por medio de la posesión en beneficio de quien la ha sostenido, pasando de poseedor a dueño; véase Artículos 1698 y concordantes del Código Civil. **Aplicado a la materia tributaria, la prescripción es estrictamente extintiva**, no adquisitiva, pero no en lo relativo a la oportunidad para activar el derecho de acción (VÍA JUDICIAL), como ocurre en materia civil, sino más bien en el derecho de exigir extrajudicialmente o bien mediante jurisdicción coactiva el cobro o bien el requerimiento de pago de un tributo. Así en el Impuesto sobre la Renta, el derecho del fisco a cobrar por cualquier medio lícito, los créditos adeudados en este tributo prescriben en siete años, contados desde último día del año en que el impuesto debió ser pagado, conforme lo preceptuado en el Artículo 737 del Código Fiscal, tal como estaba vigente al momento en que se presentó la solicitud de prescripción de tributos precitada, el cual se transcribe a continuación:

> **"Artículo 737.** El derecho del Fisco a cobrar el impuesto a que este Título se refiere prescribe a los siete (7) años, contados a partir del último día del año en que el impuesto debió ser pagado. La obligación de pagar lo retenido según el artículo 731 prescribe a los quince (15) años, contados a partir de la fecha en que debió hacerse la retención.

> **PARÁGRAFO**. El derecho de los particulares a la devolución de las sumas pagadas de más o indebidamente al Fisco prescribe en (7) años, contados a partir del último día del año en que se efectuó el pago. La caducidad de la solicitud de devolución se regirá por las disposiciones sobre caducidad de la instancia del Código Judicial. La solicitud caducada no interrumpirá la prescripción de que trata este parágrafo. Sin perjuicio de lo dispuesto en el artículo 720 de este Código, cuando los particulares soliciten la devolución de sumas pagadas de más o indebidamente al fisco, la Dirección General de Ingresos estará facultada para revisar, objetar y exigir los tributos causados y que no hubieran sido pagados oportunamente."

Tal como se aprecia, el citado texto legal preceptúa que la Administración Tributaria no podrá cobrar crédito tributario inherente al Impuesto sobre la Renta, cuando han transcurrido más de siete años, desde el último día del año en que el impuesto debió ser satisfecho, sin que durante dicho lapso de tiempo haya realizado alguna gestión de cobro, quedando extinguido, la obligación tributaria total, exigible y de plazo vencido correspondiente a un periodo fiscal determinado, surgiendo un crédito tributario no pagado.

De allí su carácter de prescripción extintiva, en vista que extingue la facultad de cobro del Impuesto sobre la Renta, de uno o más periodos fiscales.
Es muy importante entender que, para los efectos de aplicación del cómputo de prescripción, se utilizará los términos señalados en el Decreto Ley 1 de 13 de febrero de 2008.

En ese sentido, al dictarse por la Honorable Asamblea Legislativa la Ley 41 de 1 de julio de 1996, "Por la cual se Dictan Normas Generales a las cuales debe sujetarse el Consejo de Gabinete al expedir las disposiciones concernientes al Régimen de Aduanas", se dejó claramente establecido en los artículos 3 y 4, que esta Ley debería ser reglamentada por el Consejo de Gabinete.

En cumplimiento del mandato contenido en los artículos 3 y 4 citados, el Consejo de Gabinete dicta y promulga el Decreto de Gabinete No. 41 de 11 de diciembre de 2002 **"Por medio del cual se desarrollan las Disposiciones Concernientes al Régimen de Aduanas de Acuerdo a lo Establecido en la Ley 41 de 1 de julio de 1996".**

Asimismo, mediante el **Decreto Ley No. 1 de 13 de febrero de 2008**, se "Crea la Autoridad Nacional de Aduanas y se dictan otras disposiciones concernientes al Régimen Aduanero", el cual, en sus Artículos 161 y 165, expresa;

Artículo 161: Preferencia en su aplicación: Las disposiciones concernientes al régimen de aduanas contenidas en el presente Decreto Ley o su reglamentación, tendrán preferencia en su aplicación, sobre cualquier otra disposición legal o reglamentaria relativa a la materia aduanera.

Artículo 165: Derogaciones. **Artículo 165. Derogaciones.** Esta Ley deroga la Ley 41 de 1996, la Ley 16 de 1979, los artículos 58, 59, 60, 61, 62, 63 y 64 de la Ley 30 de 1984, y los artículos 486-A, 494 y 642-A del Código Fiscal, así como **toda** disposición legal que, en materia aduanera, le sea contraria.

Parágrafo transitorio. Mientras no se apruebe el nuevo reglamento previsto en el numeral 17 del artículo 45 de este Decreto Ley, seguirá vigente la tarifa establecida en la Ley 41 de 1996.

Al derogarse la Ley 41 de 1996, **queda igualmente derogado su reglamento**, a saber, el Decreto de Gabinete 41 de 11 de diciembre de 2002, norma accesoria que sigue la suerte de su principal, lo que nos permiten concluir que la Ley aplicable a las peticiones de prescripción, lo es el Decreto Ley 1 de 13 de febrero de 2008 y no el Decreto de Gabinete 41 de 11 de diciembre de 2002.

Aun cuando se trate de trámites efectuados bajo cualquier Ley o Decreto anterior al Decreto Ley 1 de 13 de febrero de 2008, la norma aplicable a esos trámites, será siempre el mismo Decreto Ley 1 de 13-2-2008, en virtud del artículo 165 que deroga expresamente, entre otras, la Ley 41 de 1996 y por ello, al decreto 41 que la reglamenta, en virtud de la hermenéutica legal que dicta "lo accesorio sigue la suerte de lo principal".

Es muy importante aclarar el hecho de que NO es posible aplicar el Decreto de Gabinete 41 de 11 de diciembre de 2002, a ningún proceso administrativo, toda vez que el mismo está derogado.

Hemos visto con mucha preocupación la insistencia, por desconocimiento o a sabiendas, de las administraciones regionales de aduana que una y otra vez aplican el citado decreto 41, con lo cual se extralimitan en sus funciones y se enmarcan dentro de lo que se conoce como "ignorancia inexcusable", ambas conductas son penalizadas por la Ley.

El funcionario aduanero que incurra en esta falta puede ser sujeto de sanciones administrativas, civiles y penales, que pueden ser denunciadas ante las autoridades correspondientes. El deber de los ciudadanos es denunciar estas conductas a fin de lograr que las mismas vayan despareciendo de nuestra realidad y corregir así los vicios y abusos que resultan de una equivocada aplicación de la Ley.

<u>Procedimiento Administrativo que se debe seguir para la impugnación de discrepancias dentro del proceso de aforo, en el recinto aduanero, al momento de desaduanar una mercancía.</u>

Este procedimiento se surte ante la Administración Regional de Aduanas bajo cuya jurisdicción se encuentra el recinto donde está ubicada físicamente la mercancía.

Al momento de retirar mercancías de los diferentes recintos de aduanas, pueden surgir discrepancias en cuánto a clasificación arancelaria, valor, origen, documentos exigibles y otros.

La tramitación administrativa de estas discrepancias se rige por lo dispuesto en el Decreto 12 de 29 de marzo de 2016, para las mercancías importadas de manera ordinaria, esto es, que no estén amparadas en un Tratado o Acuerdo de Libre Comercio o Promoción Comercial.

De surgir una discrepancia sobre mercancías amparadas en los citados tratados o acuerdos, la discrepancia debe tramitarse según las reglas establecidas en cada tratado, no aplicando la Ley Nacional.

Igualmente, y en uso de las facultades que le confiere la Ley, la Autoridad de Aduanas puede efectuar revisiones a posteriori, para determinar si las mercancías despachadas fueron correctamente declaradas y aforadas.

Así, la tramitación de las discrepancias está normada en los siguientes artículos:

Artículo 169. En la declaración de importación, cuando se confronten los documentos para el levante de las mercancías o en una verificación a posteriori se determine que existen errores que no sean considerados dolosos por bultos, origen, peso, cantidad, valor, clasificación arancelaria o aplicación de un régimen suspensivo al cual no tenga derecho las mercancías declaradas, será preciso hacer los alcances a la declaración de mercancía, y se aplicará un recargo del cincuenta por ciento (50%) sobre el monto del derecho de importación dejado de pagar.

Artículo 170. No procederá el recargo en los casos siguientes:

a) Cuando el impuesto dejado de pagar no exceda los quinientos balboas (B/. 500.00) y sean detectados por el funcionario en el levante, sin embargo, el contribuyente deberá cancelar los impuestos dejados de pagar sin penalización.

b) Cuando la diferencia en el valor en aduana sea inferior o igual al tres por cientos (3%);

c) Cuando las diferencias en las cantidades o en los pesos sea igual o inferior al tres por ciento (3%) con respecto a las cantidades, o el cinco por ciento (5%) de tolerancia en los pesos que debieron declararse en la mercancía a granel.

d) Si resulta que no existe diferencia en los tributos aduaneros por pagar, pero es necesario rectificar la declaración, se le aplicará un cargo de cincuenta balboas con 00/100 (B/.50.00), en concepto de autorización para la apertura y rectificación en el Sistema Informático Aduanero de la Autoridad Nacional de Aduanas;

e) En los errores detectados por los importadores, o por sus agentes corredores de aduana antes o después de practicado el reconocimiento físico de las mercancías, sin que fuese detectado por La Autoridad. En este caso, se tramitará por gestión voluntaria del interesado, aplicándose un cargo de cincuenta balboas con 00/100 (B/.50.00) que fijará La Autoridad, en concepto de autorización para la apertura y rectificación en el sistema informático de La Autoridad Nacional de Aduanas; y

f) En el caso de mercancías amparadas por los Acuerdos o Tratados Comerciales vigentes en la República de Panamá, que así lo establezcan.

Artículo 171. Se establecerá el cobro mensual del interés sobre el monto de la diferencia dejada de pagar.

Asimismo, devengarán interés las deudas de La Autoridad Nacional de Aduanas resultantes del cobro indebido de tributos, en los términos y las condiciones que establece el Código Aduanero Uniforme Centroamericano (CAUCA).

Artículo 172. El inspector verificador en Depósitos aduaneros que efectúe el examen físico de mercancías y que detecte una diferencia, debe registrar inmediatamente la respectiva discrepancia en el Sistema Informático de la Autoridad, sustentando su criterio mediante un informe en el que debe explicar los elementos en derecho que lo llevaron a concluir que la declaración de aduanas es contraria a las normas jurídicas en que se fundamenta el aforo de las mercancías y a su vez remitir informe de discrepancia y muestra del producto discrepado, en los casos que sea posible, o presentar elementos que permitan dar certeza sobre la mercancía que se encuentra en tal condición a la Administración Regional respectiva.

La mercancía afectada podrá retenerse en proporción al monto de derechos estimados dejados de pagar, incluyendo los recargos. Sin embargo, el interesado podrá acogerse al sistema de pago garantizado con el objeto de disponer de la mercancía de inmediato mientras se resuelve la discrepancia. Si posterior al levante de las importaciones los funcionarios aduaneros detectan discrepancias una vez haya salido la mercancía del Depósito, ya sea por inspección física o verificación posterior, notificarán de inmediato ante la Administrador Regional respectivo, a fin de dar inicio al proceso administrativo para la resolución de controversia por discrepancia de aforo.

Artículo 173. Las reclamaciones o descargos que el interesado considere oportuno sustentar sobre las discrepancias de aforo que surjan al momento del levante de las mercancías, tienen que ser presentadas ante el Administrador Regional respectivo, **desde los cinco (5) días hábiles siguientes a la detención** y registro de la discrepancia en el sistema informático de La Autoridad.

Una vez recibida la documentación por el Administrador Regional, éste la remitirá a la Dirección de Gestión Técnica, a fin de que emita su criterio, el cual será devuelto al Administrador, quien dictará la resolución correspondiente, que deberá ser proferida en un término no mayor de treinta (30) días. En la resolución que se emita se establecerá si procede o no la discrepancia de aforo.

Artículo 174. La Administración Regional correspondiente, vencido el término a que se refiere el artículo anterior, decidirá sobre la procedencia o improcedencia de la controversia, una vez reúna todos los elementos que estime necesarios para proferir su decisión sobre la correcta determinación que en materia de aforo corresponda. Contra el acto administrativo proferidos por los Administradores Regionales de Aduanas en materia de discrepancia de aforo al momento del levante de las mercancías o que se generen por las verificaciones a posteriores al levante, **procederá el recurso de apelación dentro de los ocho (8) días hábiles,** ante la Comisión Arancelaria hasta tanto se implemente el Tribunal Aduanero, cuyos fallos proferidos por estos, serán definitivos y agotan la vía gubernativa.

Artículo 175. Las decisiones sobre aforo que guarden relación con la clasificación arancelaria, sentarán los criterios en esta materia. En cualquier otra materia, sólo surtirán efectos con relación al asunto particular que se ventila al momento de decidir. Las decisiones deberán ser puestas a disposición del público en general.

Artículo 176. Sin perjuicio del procedimiento administrativo dispuesto en los artículos anteriores, La Autoridad Nacional de Aduanas podrá autorizar el levante de las mercancías, previa presentación de una garantía que cubra los derechos e impuestos, multas, intereses y recargos que fueren aplicables.

Podemos entonces establecer que, para que una discrepancia surgida por cualquiera de los motivos señalados en la Ley sea admitida a trámite, por parte de la administración regional de aduanas que corresponda, debe necesariamente cumplirse el siguiente proceso, en el recinto aduanal donde se encuentre la mercancía:

1. Una vez detectada, la discrepancia debe ser inmediatamente registrada en el sistema informático de la aduana.

2. El funcionario examinador debe sustentar su criterio jurídico a través de un informe en el cual debe explicar **los elementos en derecho**, que lo llevaron a concluir que la declaración es contraria a las normas jurídicas en que se fundamenta el aforo de las mercancías.

Enfatizamos en el hecho de que, el funcionario está obligado a señalar claramente en su informe, qué elementos de derecho han sido vulnerados, esto es, el inspector aforador tiene que señalar cual ha sido el error imputado al contribuyente, de acuerdo a la Ley.

Una discrepancia de aforo que no indica cuál es su base legal, simplemente no procede y debe ser desestimada por la administración regional de aduanas que corresponda. Si la administración regional de aduanas no la desestima, este hecho, el no desistimiento, se puede constituir en causal de nulidad del proceso administrativo.

3. Remitir un informe de discrepancia acompañado de una muestra del producto discrepado, cuando le sea posible, a la Administración Regional de Aduanas correspondiente.

   Nótese que le corresponde al funcionario (inspector aforador), el remitir su informe a la administración regional de aduanas correspondiente, así como una muestra del producto en discrepancia, cuando le sea posible.

   La muestra no puede ser aportada por el contribuyente ni por su agente corredor de aduanas u otro representante, únicamente puede ser presentada por el inspector aforador, a fin de preservar la certeza y legalidad del proceso.

Es muy importante entender que, si bien el funcionario examinador tiene la potestad de discrepar por los motivos señalados en la Ley, no es menos cierto que debe cumplir las ordenanzas que le señala la misma Ley. El no cumplir las etapas establecidas, constituye una falta al debido proceso y es causal de nulidad de la discrepancia, sin entrar a considerar si ésta es correcta o no.

Debemos enfatizar que el dictar actos administrativos sin el cumplimiento de los requisitos mínimos que éstos deben contener, constituye una omisión que es violatoria del debido proceso consagrado en nuestra Constitución Política, en su artículo 32, el cual transcribimos:

Artículo 32: Nadie será juzgado, sino por autoridad competente y conforme a los trámites legales, y no más de una vez por la misma causa penal, administrativa o disciplinaria.

Esta violación anula el acto administrativo y deja sin efecto el proceso. El Estado democrático moderno no puede dejar al ciudadano sin la cabal protección jurídica, por ello debe prevenir un sistema de responsabilidad que garantice los derechos de los particulares cuando sean víctimas de daños causados por la actuación administrativa.

Igualmente es importante establecer que al contribuyente se le otorgan cinco (5) días hábiles, para efectuar los descargos que considere necesarios, ante la Administración de Aduanas que corresponda, lo que puede hacer a través de su agente corredor de aduanas o de un abogado.

Para ello, el contribuyente, a través de su agente

corredor de aduanas, debe estar atento y en comunicación con el funcionario que formuló la discrepancia, a fin de poder presentar sus descargos, si los hubiere, dentro de los términos establecidos en la Ley.

El no presentar estos argumentos dentro del término de cinco (5) días, dejará al contribuyente en indefensión, por su actuar y sin responsabilidad de parte de la administración regional de aduanas correspondiente, con lo cual el proceso seguirá sin los argumentos del contribuyente.

En cualquier caso y de darse esta violación, será necesario manifestarlo en el escrito de sustentación que debe enviar el agente corredor de aduanas a la Administración Regional de Aduanas que corresponde, una vez se le notifica de la discrepancia.

Al ser notificado de la discrepancia, al contribuyente o a quién lo represente en ese acto, se le deberá entregar copia de la discrepancia y del informe técnico de sustentación del inspector que atendió el caso.

Este informe no puede ser una mera declaración o expresión de la opinión del inspector, sino que debe ser técnico y jurídico, de lo contario, no tiene validez y la discrepancia no debe proceder.

El servidor público tiene un deber de dedicación y de

buen trato con los contribuyentes, lo que muchas veces se les olvida. El Decreto Ejecutivo 13 de 24 de enero de 1991, por el cual se adoptan los principios éticos de los servidores públicos, resalta este compromiso hacia los ciudadanos.

La Corte Suprema de Justicia ha expresado en ese sentido, que los informes técnicos no pueden ser meramente declaratorios, sino que deben incluir todos los elementos que le den validez a la posición que sostiene el que lo emite, enmarcado dentro de lo establecido en la Ley y los reglamentos.

Por ello, una discrepancia sin fundamento puede ocasionar graves perjuicios al contribuyente, desde retraso en la entrega y distribución de las mercancías objeto de polémica, hasta sobrecostos en la logística del movimiento de su carga.

En ese orden de ideas, la Ley responsabiliza al funcionario aduanero que incumpla las ordenanzas y establece sanciones en esos casos, tal como lo señalan el CAUCA y el Decreto Ley 1 de 13 de febrero de 2008, a saber:

Código Aduanero Uniforme Centro Americano:

Artículo 13. Responsabilidades de los funcionarios y empleados.

Los funcionarios y empleados del Servicio Aduanero,

serán responsables por su actuación, culposa o dolosa en el desempeño de sus cargos y funciones.

Decreto Ley 1 de 13 de febrero de 2008:
Artículo 35. Obligación del personal aduanero.

El personal aduanero está obligado a conocer y aplicar la legislación referente a la actividad aduanera. En el desempeño de sus cargos, los servidores públicos aduaneros serán personalmente responsables, ante La Autoridad, por las sumas que deje de percibir por acciones u omisiones dolosas o por culpa grave o por negligencia, sin perjuicio de las responsabilidades de carácter administrativo y penal en que incurran con ocasión del servicio que prestan.

Por estas razones es muy importante que, al recurrir una resolución, se solicite además de las peticiones a que haya lugar, que se haga responsable al funcionario de los costos en conceptos de almacenajes, retenciones de equipo, falsos fletes, etc. Si no se solicita, el funcionario juzgador no lo reconocerá y no se podrán cobrar estos costos, por lo cual deberá pagarlos el contribuyente.

Medios de Agotamiento de la Vía Gubernativa:

El proceso administrativo prevé los recursos a los cuales puede acogerse un contribuyente, a saber, el recurso de reconsideración, que se interpone ante el mismo funcionario que promulga una resolución y de

Apelación, que se interpone ante la autoridad superior del Servicio Aduanero. Una vez agotado el recurso de apelación ante la autoridad superior, el fallo que se emita agota la vía gubernativa, esto es, no queda ningún otro recurso al cual se pueda acudir, excepto el recurso contencioso administrativo ante la Sala Tercera de la Corte Suprema de Justicia.

Los medios de agotamiento de la vía gubernativa son:

a) Fallo de segunda instancia (Comisión Arancelaria-Tribunal Aduanero).
b) Silencio administrativo.

El fallo de segunda instancia (apelación), es promulgado por la Comisión Arancelaria (Tribunal Aduanero), una vez ejecutoriado, esto es, notificado a las partes y transcurrido los términos establecidos en la Ley, es final y de obligatorio cumplimiento de las partes.

El silencio administrativo es otra forma de agotamiento de la vía gubernativa, se da cuándo la administración no resuelve dicta un fallo en el término establecido en la Ley.

La Ley 38 de 31 de julio de 2000, establece que una vez se ha interpuesto una petición ante cualquier autoridad administrativa, ésta tiene treinta (30) días para responder. Pasados los treinta días señalados, el peticionario debe interponer un "impulso procesal", esto es, una solicitud para que se falle el proceso, treinta días después de solicitado el impulso, la administración incurre en "silencio administrativo", lo que permite al solicitante inferir que la solicitud ha sido negada y por ello, deja la vía al recurso de apelación de forma directa, ante la autoridad superior.

Para ello, el peticionario debe presentar ante la autoridad superior, pruebas fehacientes de que la petición no se respondió en el término de ley y por ello se configuró el silencio administrativo. La prueba del tiempo transcurrido lo será el escrito o memorial que se presentó ante la administración, el cual debe tener la fecha y hora en que fue recibido en la oficina correspondiente.

Copia de ese memorial debe ser adjuntado a una solicitud de **certificación de configuración de la figura jurídica conocida como Silencio Administrativo**, solicitud que se presentará ante la misma oficina que ha incumplido los términos legales, tal como lo define el numeral 104 del Artículo 201 de la Ley 38 de 31 de Julio de 2000, y fundamentado en lo que señala el Artículo 42 de la citada excerta legal, que a la letra dicen:

Artículo 42: El funcionario ante quién se presente una petición, consulta o queja estará en la obligación de certificar, en la copia del respectivo memorial, la fecha de su presentación o recibo de éste, y transcurrido el término para su resolución o respuesta, deberá también certificar, en la misma copia, que la petición, consulta o queja no ha sido resuelta dentro de dicho término.

Artículo 201. Los siguientes términos utilizados en esta Ley y sus reglamentos, deben ser entendidos conforme a este glosario:

104. Silencio Administrativo: Medio de agotar la vía administrativa o gubernativa, que **consiste en el hecho de que la administración no contesta, en el término de dos meses, contados a partir de su presentación, la petición presentada o el recurso interpuesto por el particular**. De esta manera, se entiende que la administración ha negado la petición o recurso respectivo y queda abierta la vía jurisdiccional de lo contencioso-administrativo ante la Sala tercera de la Corte Suprema de Justicia, para que, si el interesado lo decide, interponga el correspondiente recurso de Plena Jurisdicción con el propósito de que se le restablezca su derecho subjetivo, supuestamente violado. Si la administración se niega o tarda en extender la certificación de silencio administrativo, el peticionario puede recurrir directamente ante la autoridad superior del Servicio Aduanero, explicando la negativa de la administración a certificar el silencio administrativo y debe solicitar a la autoridad superior que solicite ella (la autoridad superior) la certificación directamente. Para ello, se debe adjuntar el original donde está franqueada la fecha y hora de recibo de la solicitud presuntamente negada. Esto es así, ya que, ante la falta de respuesta o inactividad por parte de la Autoridad para resolver peticiones o recursos presentados por los administrados, la legislación ha previsto la figura del Silencio Administrativo a fin de salvaguardar el derecho a la tutela judicial efectiva.

Para efectos ilustrativos nos permitimos transcribir al autor Guillermo Andrés Muñoz, quién señala: *"El silencio de la administración constituye la típica violación de un deber de acción. Es que, en definitiva, el silencio administrativo consiste en la duración de una situación que debe cambiar; en que la Administración deja las cosas como están en vez de modificarlas. Por eso, la omisión en la cual el silencio consiste, no es más que el retardo, la demora en el cumplimiento de la obligación de resolver. Esa demora, ese retardo, se convierten en silencio cuando vencen los plazos que la administración tiene para resolver. A partir de ese momento, queda configurado el incumplimiento".* **(Muñoz Guillermo Andrés, Silencio de la Administración y Plazos de Caducidad, Editorial Astrea de A. y R. de Palma, Buenos Aires, Argentina, 1982.)**

Como hemos visto, existen los medios de defensa a los cuales puede recurrir todo administrado para evitar que se le causen perjuicios y si se le han causado, para remediarlos. Los derechos de los administrados están claramente señalados en las leyes, sin embargo, los derechos se exigen y se defienden, depende del ciudadano ejercerlos o verlos burlados.

EL ENDOSO DE DOCUMENTOS:

El endoso es la transmisión de la propiedad de una mercancía por su dueño a otra persona, natural o jurídica.

El principio en aduanas es que "los documentos son endosables hasta el momento de presentar la declaración de aduanas".

Son endosables, por ser documentos negociables, la Carta de Porte, el Conocimiento de Embarque, el Conocimiento de Embarque Aéreo (Guía aérea) y la Factura Comercial.

Solo se endosan los documentos negociables, o sea, los que acreditan la propiedad de las mercancías.

El certificado de origen, por ser un documento oficial, que únicamente certifica el origen de una mercancía, no puede ser endosado y acreditará el origen sin importar cuantas veces se endose los documentos que lo acompañan. Así, aun cuando la declaración de aduanas sea confeccionada a nombre de una persona natural o jurídica diferente al consignatario que aparece en el certificado de origen, este no pierde su validez. Igualmente ocurre con las pólizas de seguro y las listas de empaque.

Por endoso debe entenderse, la firma del tenedor de un documento negociable sobre el reverso o el frente del mismo. La palabra se origina en la expresión "firmar al dorso", o sea en la espalda.

El endoso constituye la transferencia a un tercero de la propiedad y los derechos sobre el documento endosado. Si el endoso es hecho en blanco, es decir, mediante una simple firma sin especificaciones ni restricciones, convierte al documento en pagadero al portador.

Un endoso puede ser hecho también indicando específicamente a favor de quien se transfiere el documento. En esta forma de endoso es más segura, ya que el documento sólo podrá ser cobrado (o nuevamente endosado) por la persona a favor de quien ha sido transferido.

En nuestro país, el endoso está regulado en el Código de Comercio de la República de Panamá, artículo 849, en la Ley 52 de 13 de marzo de 1917 y en el Reglamento al Código Aduanero Uniforme Centroamericano (RECAUCA), que a letra señalan:

ARTICULO 849: El endoso se hará constar de <u>modo puro y simple</u>. Toda condición a la que se trate de sujetarlo será considerada como no escrita. El endoso parcial es nulo. También es nulo el endoso al portador. (Código de Comercio).

Por modo **puro y simple**, debe entenderse escrito a mano. Ninguna entidad estatal o privada puede exigir otra forma de endoso. El que endosa, a su discreción, podrá hacerlo a mano o por otro método que considere mejor para sus fines.

Artículo 31. El endoso deberá constar por escrito en el mismo documento o en un papel agregado a éste. La firma del endosante sin palabra alguna adicional, será suficiente endoso. (Ley 52 de 13-3-1917).

Artículo 325. Transmisión del documento de transporte. <u>El conocimiento de embarque, la guía aérea y la carta de porte </u>constituirán título representativo de mercancías y le serán aplicables las regulaciones relativas a los títulos valores vigentes en los Estados Parte. Su transmisión, cuando sea total, <u>deberá realizarse mediante endoso</u>. Cuando la transmisión sea parcial, se realizará mediante cesión de derechos en los casos y condiciones que establezca la autoridad superior del Servicio Aduanero. **(RECAUCA).** El reglamento al Código Aduanero Uniforme Centroamericano, establece claramente que en lo relativo a la transmisión de los documentos de transporte, a éstos se les aplicará la ley que regula los títulos valores en los estados parte, por ello, en Panamá, aplican los fundamentos legales ya explicados.

ORGANOS ANUENTES

La función principal de la Aduana es el control de las mercancías, sin embargo, existen otras instituciones que intervienen en el movimiento de mercancías a través del territorio aduanero panameño, son los llamados "órganos anuentes".

Son órganos anuentes aquellas instituciones del Estado que, sin ser parte de la Autoridad Nacional de Aduanas, tienen la responsabilidad de vigilar y autorizar las importaciones de mercancías específicas al país. Cada uno de estos órganos anuentes tiene su propia regulación y requisitos a cumplirse para autorizar una importación.

Le corresponde al contribuyente/importador, a través de su agente corredor de aduanas, el obtener las autorizaciones específicas en cada caso, incorporarlas a la declaración de importación, con los demás documentos que deben acompañarla, de acuerdo a la Ley.

Los Órganos Anuentes son:

1. **ASEP o Autoridad de los Servicios Públicos** (antes Ente Regulador de los Servicios Públicos).
   Regula los servicios de:
   a) Agua y Alcantarillado.
   b) Electricidad.
   c) Radio y Televisión.
   d) Telecomunicaciones.

Esto quiere decir que cualquier importación de mercancías destinadas a alguno de estos servicios públicos, debe contar con la autorización de importación (VoBo) de la ASEP, en la predeclaración de aduanas o vía sistema SIGA.

2.- **Autoridad de Tránsito y Transporte Terrestre;** regula la importación de autobuses para transporte público de pasajeros.

3. **Ministerio de Obras Públicas, Departamento de Pesos y Dimensiones**; otorga, verifica y controla los permisos de pesos y dimensiones con los cuales deben cumplir los equipos pesados al ser importados a la República de Panamá.

4.- **Ministerio de Ambiente** (antes Autoridad Nacional del Ambiente), regula la importación y exportación de plantas y animales. Otorga una guía de transporte que autoriza el trámite solicitado, ya sea importación o exportación. Cobra una TASA de 1%

del valor CIF de las mercancías importadas o exportadas. Asimismo, antes de poder tramitar la guía de transporte, se debe obtener un Certificado de Paz y Salvo a nombre de la empresa que está tramitando (importador/exportador), este Paz y Salvo tiene un costo de 3.00 dólares.

5.- **Ministerio de Comercio e Industrias**, autoriza diferentes tramites en las direcciones de:

a) Dirección de Recursos Minerales, autoriza las exoneraciones establecidas en el Código de Recursos Minerales.

b) Dirección de Hidrocarburos, verifica las importaciones de productos derivados del petróleo y exoneración de impuesto al consumo.

c) Dirección Nacional de Desarrollo Empresarial, a través del Departamento de Fiscalización Industrial, autoriza las exoneraciones basadas en leyes de incentivo, a saber:

c.1) Ley de Turismo, que exonera a los Hoteles, Hostales, Cabañas, prestadores del servicio de taxi de turismo.

c.2) Ley 28 de 1995, exonera a los industriales (3% del impuesto de importación).

d) Dirección General de Cine (DIGICINE), exonera de impuestos de importación a las empresas que estimulan la producción de películas en Panamá.

e) <u>Dirección General del Banano,</u> exonera de impuestos de importación a las empresas productoras de banano.

6.- **Ministerio de Desarrollo Agropecuario (MIDA),** se encarga de generar las políticas del Estado en el área agrícola. Desarrolla su actividad a través de las direcciones de;

a) <u>Dirección Ejecutiva de Cuarentena Agropecuaria,</u> autoriza o deniega la importación de mercancía de origen agropecuario.

b) <u>Dirección de Cuarentena Vegetal,</u> verifica, autoriza o niega la importación de artículos de materias vegetales.

7.- **Ministerio de Economía y Finanzas,** como rector de las finanzas del Estado panameño, supervisa la Autoridad Nacional de Aduanas y la Dirección General de Ingresos, a través de:

a) <u>Departamento de Incentivos fiscales,</u> se encarga de refrendar las exoneraciones otorgadas por leyes especiales.

b) <u>Departamento de Licores,</u> otorga las licencias en el sistema informático de aduanas para las importaciones de licores, cigarros, cigarrillos y otros artículos sujetos al pago del impuesto selectivo al consumo (ISC).

c) Impuesto al consumo de combustible y derivados del petróleo.

d) Junta de Control de Juegos de Suerte y Azar, es la encargada de supervisar, autorizar o negar la importación de máquinas tragamonedas o que distribuyen premios en efectivo.

8.- **Autoridad de Turismo de Panamá**, administra la ejecución de las leyes de incentivos turísticos.

Lleva el control de expedición de los Certificados de Registro de Turismo, los cuales autorizan a sus tenedores a exonerar los impuestos de importación de los materiales y bienes importados para los diferentes hoteles, hostales, posadas, etc.

9.- **Ministerio de Salud,** el regente de la salud pública en nuestro país, como tal, interviene en las autorizaciones de importación de las medicinas, perfumes, jabones, desodorantes, etc., y lo hace a través de:

a) Dirección Nacional de Farmacia y Drogas, que otorga y administra los registros sanitarios. Toda declaración de aduanas que ampare la importación de medicamentos, perfumes y cosméticos en general, debe contar el visto bueno de esta dirección para poder ser importados legalmente a Panamá.

b) <u>Dirección de Salud Pública</u>, interviene en la importación de químicos que pueden ser nocivos para la salud humana en general.

c) <u>Departamento de Protección de Alimentos</u>, se encarga de verificar que los productos alimenticios importados al país hayan cumplido y cumplan las normas establecidas en las leyes.

d) <u>Sección de Substancias y desechos peligrosos</u>, verifica cualquier tipo de mercancía o material que pudiese ser una amenaza a la salud pública.

e) <u>Departamento de Sanidad Ambiental</u>, verifica la importación de gases refrigerantes, pinturas, transformadores eléctricos enfriados por aceite, etc.

f) <u>Instituto Conmemorativo Gorgas</u>, es el laboratorio de referencia de los centros de control de enfermedades (CDC, por sus siglas en inglés), en la región. Verifica la importación de vacunas, patógenos, etc.

10. <u>Autoridad Panameña de Seguridad Alimentaria</u>, (AUPSA), se encarga de verificar la importación de alimentos en general al país, a través de un control de registros, notificaciones de importación y verificaciones en sitio (en locales comerciales).

TRAMITACIÓN PRÁCTICA EN ADUANAS.

La tramitación práctica es el conjunto de procedimientos mediante el cual un contribuyente, un agente corredor de aduanas o un abogado, debe presentar sus solicitudes ante las diferentes dependencias de la Autoridad Nacional de Aduanas y su Ente Superior (Tribunal Aduanero o Comisión de Apelaciones).

Los procesos administrativos que pueden ser accionados por el contribuyente o su agente corredor de aduanas, están delimitados en el artículo 14, numeral 49 del decreto ley 1 de 13 de febrero de 2008, el cual señala:

49. Gestiones conexas. Diligencias o trámites relacionados con las destinaciones aduaneras, consistentes en la tramitación de autorizaciones previas, licencias de importación, vistos buenos, certificaciones, consultas relativas a trámites que se realicen y la aplicación de convenios o contratos que celebre el Estado, referentes a la materia aduanera, así como toda clase de operaciones sobre mercancías sujetas al régimen aduanero. No se incluyen como gestiones conexas aquellas relacionadas con la notificación y presentación de recursos administrativos ante la Administración Aduanera.

Por ello, cuando se trate de presentaciones de

recursos administrativos, como lo son, solicitudes de reconsideración y/o apelación, el contribuyente está obligado a utilizar un abogado, no a su agente corredor de aduanas. El desconocer esta regla, puede acarrear la nulidad del proceso, en contra del contribuyente, con lo que perdería toda posibilidad de ganar el proceso.

Gestiones que puede llevar a cabo un agente aduanero:

a) Solicitud de permisos previos.

b) Tramitación de Depósitos de Garantía ordinarios y globales.

c) Tramitación de vistos buenos de todos los órganos anuentes.

d) Consultas relativas a la marcha de trámites que se realizan en aduanas.

e) Solicitud de resoluciones anticipadas.

f) Tramitación de todo tipo de regímenes aduaneros, incluyendo el tránsito de mercancías, para lo cual NO requiere de licencia especial.

g) Solicitud de exención de impuestos a través del departamento de Exenciones Tributarias de la aduana.

h) Solicitud de licencia de importación de artículos exonerados, a través del Departamento de Fiscalización Industrial del Ministerio de Comercio e Industrias.

i) Solicitud de exención de impuestos de importación en las direcciones de cine (Digicine),

Hidrocarburos, Minerales, etc., del Ministerio de Comercio e Industrias.

j)   Todas las relacionadas con la tramitación de un régimen aduanero.

Gestiones que no puede realizar un agente corredor de aduanas y que deben ser realizadas por un abogado:

a)   Solicitudes de prescripción de impuestos de importación, depósitos de garantía, resoluciones en general.

b)   Presentación de recursos de reconsideración y apelación.

Como hemos visto, la ley es clara en cuánto a lo que puede y no puede hacer un agente corredor de aduanas, en el procedimiento administrativo aduanero.

En algunos casos y por prácticas erradas o por costumbre, la administración de aduana ha permitido que los agentes corredores de aduana presentemos y sustentemos recursos que por ley nos están vedados, ocasionando con ello distorsiones y decisiones que perjudican a todos y desvirtúan la aplicación correcta de la justicia.

Veamos ahora, la forma y el fondo en que deben ser presentadas, las solicitudes a los diferentes órganos anuentes. Todas las solicitudes de los diferentes regímenes aduaneros deben ser hechas a través de un memorial, todo memorial debe contener un mínimo de formalidad y de lenguaje respetuoso. El memorial es la forma de dirigirse a la administración aduanera y se utiliza para todas las solicitudes que sea necesario tramitar ante ellas, pueden ser petitorios (a través de los cuales se hace una petición), aclaratorios (a través del que se fija una posición o se aclara una solicitud de la aduana) o declaratorio (a través del cual se comunica una situación a la aduana).

Un memorial típico, es de solicitud de exoneración de impuestos, que se aplica de modo general y que, en esencia, debe contener:

1. Fecha (día, mes y año).
2. Persona o institución ante la cual se presenta.
3. Descripción de las generales del solicitante, esto es, nombre, nombre de cédula, dirección donde se reciben notificaciones.
4. Descripción de las generales de la razón social o persona natural a nombre de la cual se hace la solicitud.
5. Detalle y cita de la base legal sobre la cual se fundamenta la solicitud, a saber, numero de artículo y de la Ley que corresponda.
6. Descripción de la mercancía, de acuerdo al arancel de importación.
7. Partida arancelaria que corresponda.
8. Cantidad y numero de bultos que conforman la carga declarada.
9. Valor Costo Seguro y Flete de la mercancía.

10. Descripción del tipo de impuesto exonerado y del monto a exonerarse (sacrificio fiscal).
11. Descripción del ITBMS, ISC u otro impuesto a pagar.
12. Descripción de la TASA por servicios aduaneros, que aplica a toda declaración cuyo valor cif sea superior a dos mil dólares (2,000.00).
13. Descripción del ITBMS de la TASA.
14. Descripción del uso de sistema informático de aduana.
15. Descripción del monto total a pagar en la declaración.
16. Descripción del número de declaración de aduanas presentada y de los documentos que la sustentan, a saber, factura (s) comercial (es), conocimiento de embarque, permisos o licencias de órganos anuentes, licencia de exoneración, certificados de origen, etc.
17. Nombre y firma del agente corredor de aduanas que hace la solicitud y su número de licencia de idoneidad.

* * *

EJEMPLOS DE MEMORIALES

-Solicitud al Ministerio del Ambiente: (exonerado por leyes especiales)

La importación de madera (procesada o en bruto), ciertos tipos de cartones y materiales vegetales, están sujetos a la aprobación de una Guía de Importación, la cual es autorizada por el Ministerio del Ambiente -antes Anam-, previo pago del uno (1%) del valor CIF de la mercancía.

Es irónico que al importar madera haya que pagar al fisco un derecho de un 1% del valor CIF de la mercancía, cuando se está protegiendo nuestros bosques, puesto que la mercancía es extranjera.

Adicionalmente a la guía de importación, estos productos también deben estar amparados en una licencia fitosanitaria de importación, otorgada por la Dirección Ejecutiva de Cuarentena Agropecuaria, para poder ser importadas a la República de Panamá.

Si la empresa importadora se acoge a algún tipo de beneficio fiscal que implique una exoneración, debe solicitar la expedición de la guía de importación exonerada, para ello, deberá adjuntar a la documentación y memorial de solicitud una copia de la autorización, registro o resolución de exoneración de impuestos, para que se le exonere del pago del 1% de dicha guía de importación.

Es importante anotar que el paz y salvo no se exonera.

Panamá, x de mes de 20xx.

Señores
Ministerio de Ambiente
Presente.
Señores:
Por este medio el suscrito licenciado xxxxxxx xxxxxxx., agente corredor de aduanas con licencia No. xxx, respetuosamente acudo ante ustedes a nombre y en representación de la empresa xxxxxxxxxxxxxxxxxxxxxx xxxxxxxxxxxx con RUC # 111111-1-11111 **a fin de solicitarles respetuosamente se le extienda guía de importación exonerada** a mi representada de acuerdo a lo establecido en el artículo xx de la Ley xx de xx-xx-xx, para la mercancía que a continuación les detallo:
Descripción: xxxxxxxxxxx
Partida arancelaria: xxxx.xx.xx.xx
País de origen: xxxxx
Puerto de Llegada: Puerto de xxxxxx
Puerto de descarga: Puerto de xxxxxx
Nombre botánico: xxxxxxx

Valor CIF:
Peso: xxxxx kgs
1% (Exonerado): 00.00
Embarcador: xxxxxxxxxxxxxxxxxxxxxxxxxxx
Adjunto al presente predeclaración de aduanas No.
DExxxxxxxxxxx-x x, Resolución x de xx de xxxx de
20xx y los documentos de embarque
correspondientes,

Atentamente,
Licdo. **xxxxxxxxxxxxxxx.**
Agente Corredor de Aduanas Lic. xxx
Panamá, x de mes de 20xx.

Antes de enviar el memorial de solicitud al
Ministerio de Ambiente, es necesario obtener el Paz y
Salvo de dicho ministerio. Este se obtiene en la
Dirección de Finanzas de Mí ambiente y tiene un
costo de tres (3.00) dólares. Dicho paz y salvo debe
adjuntarse al memorial de solicitud. Si la empresa no
cuenta con exoneración de impuestos, la guía de
importación debe solicitarse pagando el 1% del valor
cif de la carga, en concepto de Tasa.

* * *

-Solicitud al Ministerio del Ambiente (pagando la Tasa de 1%)

Señores
Ministerio de Ambiente
Presente.
Señores:
Por este medio el suscrito licenciado xxxxxxx xxxxxxx., agente corredor de aduanas con licencia No. xxx, respetuosamente acudo ante ustedes a nombre y en representación de la empresa xxxxxxxxxxxxxxxxxxxxxx xxxxxxxxxxxx con RUC # 111111-1-11111 **a fin de solicitarles respetuosamente se le extienda guía de importación** a mi representada para la mercancía que a continuación les detallo:
Descripción: xxxxxxxxxxx
Partida arancelaria: xxxx.xx.xx.xx
País de origen: xxxxx
Puerto de Llegada: Puerto de xxxxxx
Puerto de descarga: Puerto de xxxxxx
Nombre botánico: xxxxxxx
Valor CIF:
Peso: xxxxx kgs
1% a pagar: 00.00
Embarcador: xxxxxxxxxxxxxxxxxxxxxxxxxxxx
Adjunto al presente predeclaración de aduanas No. DExxxxxxxxxxx-x x, Resolución x de xx de xxxx de 20xx y los documentos de embarque

correspondientes,

Atentamente,
Licdo. **xxxxxxxxxxxxxxxxx.**
Agente Corredor de Aduanas Lic. Xxx

* * *

-Solicitud de anulación de declaración, se dirige a la Administración Regional de Aduanas que corresponda:

Una vez confirmada en el modo de declaración, una liquidación de aduanas ya no puede ser modificada.

Sin embargo, la legislación prevé que, en situaciones especiales, las declaraciones pueden ser rectificadas o anuladas.

La anulación solo es posible con el visto bueno de la administración regional de aduanas que corresponda, debe ser solicitada vía memorial y este memorial debe ser respondido a través de una resolución de la administración, autorizando o negando la solicitud.

Panamá, xx de mes de 20xx.
Licenciado (a)
Xxxxxxxx xxxxxxx
Administrador Regional de Aduanas

Zona xxxxxxxxxxxxxxxxx.
Presente:

Por este medio el suscrito licenciado xxxxxxx xxxxxxx., agente corredor de aduanas con licencia No. xxx acudo ante usted a nombre y en representación de la empresa Inmobiliaria xxxxxx, S. A. con RUC # xxxxxx-x-xxxxxxx, para solicitarle respetuosamente nos autorice la **anulación** de la declaración anticipada de aduanas No. DExxxxxxxxxxx-x x de xx de xxxxxxxxxx de 20xx, solicitud de anulación No. AN-DExxxxxx-x- x.

Hacemos esta solicitud debido a que al momento de la impresión de la liquidación definitiva nos equivocamos en el RUC de la empresa, ya que la declaración debía ser a nombre de la empresa Constructora xxxxxxxx y no de Inmobiliaria xxxxxx.

En espera de recibir de usted una positiva acogida al presente, quedo,

Muy atentamente,

Licdo. Xxxxx xxxxx
Adj. Documentos.

* * *

-Solicitud de Cambio de Corredor

El contribuyente tiene por ley, la posibilidad de escoger el régimen aduanero que desea aplicar a sus mercancías, basado en el principio de autodeterminación y, asimismo, tiene libertad para escoger al agente corredor de aduanas con el cual desea trabajar. Si por cualquier razón, el contribuyente decide cambiar de agente corredor de aduanas, debe informarlo al administrador regional de aduanas correspondiente, a través de un escrito notariado y firmado por él. De esa forma, inmediatamente puede hacer entrega de la documentación a otro agente corredor de aduanas.

De existir liquidaciones confeccionadas por el agente corredor de aduanas anterior, que deban ser modificadas o rectificadas de alguna forma, el nuevo agente corredor de aduanas debe solicitar a la administración el cambio de agente corredor de aduanas en el sistema informático, de manera que él pueda tener acceso a dichas declaraciones y efectuar los cambios solicitados por el cliente. Para ello, deberá dirigir un memorial al administrador regional de aduanas y acompañarlo de la nota citada. No es necesaria ninguna formalidad escrita al establecer la relación de trabajo corredor de aduana – contribuyente, esta se exige solo para darle término a dicha relación.

Panamá, x de xxxxxxxx de 20xx.

Licenciado (a)
Xxxxxx xxxxxxx
Administrador Regional de Aduanas
Zona xxxxxx. -
Su despacho.

Mediante el presente quién suscribe, licenciado xxxxxx xxxxxx., agente corredor de aduanas con licencia # xxx, y oficinas en xxxxxxxxx, piso xx, oficina xxx, teléfonos xxx-xxxxx, con el respeto acostumbrado acudo ante usted en representación de la empresa xxxxxxxxxxxx xxxxxxxx., con registro único de contribuyente # xxxxxx-xx-xxxxxx, debidamente facultado para actuar en esta diligencia según lo señala el artículo 47 del Decreto Ley 1 de 13 de febrero de 2008, a fin de solicitar la intervención de sus buenos oficios para que se haga el **cambio de corredor** en el sistema SICE relativo a la liquidación # xxxx/xxxxx-x la cual fue tramitada bajo Depósito de Garantía Particular # DPxxxx por la licenciada xxxxx xxxx, agente corredora de aduanas con licencia # xxx, prorrogado hasta el día xx-xx-xx, para que pueda liquidarse bajo la licencia de corredor de aduanas # xxx correspondiente a xxxxx xxxxxxx, quien suscribe.

Adjunto a la presente encontrará la nota en la cual se señala la decisión del cambio de corredor de aduanas suscrita por el señor xxxxx xxxx, copia de la predeclaración exonerada y copia de la prórroga del Depósito de Garantía señalado.

En espera de contar con su positiva acogida al presente, quedo del señor Administrador Regional de Aduanas,

Muy atentamente,

Lic. **Xxxxxxx xxxxxxxx**
Agente Corredor de Aduanas Lic. xxx.

* * *

- Solicitud de Exoneración de Entidad Estatal:

Las entidades del estado pueden, en circunstancias señaladas en la Ley, importar con exoneración de impuestos de importación. El tipo de exoneración dependerá de cada entidad, del tipo de adquisición de que se trate, a saber, donaciones, compras con dinero de clubes de padres de familia, etc.

Para ello, la entidad debe proporcionar al agente corredor de aduanas copias u originales de la documentación comercial, así como de la orden de compra y demás certificaciones o resoluciones que sean pertinentes, a fin de que la tramitación sea expedita.

Este procedimiento aplica igualmente para los contratos tipo llave en mano, si el contrato lo señala, así como para las obras del Estado sub contratadas por empresas particulares.

Panamá, xx de mes de 20xx.
Señores
Autoridad Nacional de Aduanas.
Su Despacho.

Por este medio el suscrito licenciado xxxxxx xxxxxxx, agente corredor de aduanas con licencia No. xxx respetuosamente acudo ante usted a nombre y en representación de la Caja del Seguro Social entidad estatal con RUC # x-NT-x-xxxxx, para solicitarle nos autorice la exoneración de los artículos que a continuación le detallo:
Descripción: xxxxxxxxxxxxxxxxxx
Partida: xxxxxxxxxx

Bultos: xx
Valor CIF: xxxxxxx
Impuestos de importación: Exonerados
I.T.B.M: Exonerado
T.A.S.A: Exonerada
I.T.B.M TASA: Exonerado
USO DE SIGA: 3.00

TOTAL A PAGAR: 3.00

Adjuntamos al presente la predeclaración de aduanas No. DExxxxxxx-x x documentos originales y contrato No. R-12-2011

Muy atentamente,

Lic. **Xxxxx xxxxxxx**.

Agente Corredor de Aduanas Lic. Xxx

* * *

-Solicitud de exoneración de Jubilado/Pensionado, a través de Migración.

Esta solicitud debe ser acompañada del memorial de solicitud firmado por un abogado, la declaración de aduanas y todos los documentos que la amparan, incluyendo las certificaciones bancarias y otras que provengan del país donde la persona se jubiló.

Es importante distinguir entre el poder y solicitud refrendado por un abogado, del memorial refrendado por el agente corredor de aduanas. El Servicio Nacional de Migración solo recibirá la solicitud si está firmada por un abogado, una vez que el SNM expide la resolución del estatus migratorio del solicitante, el agente corredor de aduanas puede continuar con el trámite de exoneración.

Este privilegio aplica para extranjeros jubilados o pensionados y para panameños **jubilados en el exterior**, que reciban su pensión desde el extranjero, ambos deben presentar una certificación del estatus migratorio, expedida por el Servicio Nacional de Migración, esa es la razón por la cual interviene un abogado -ante migración únicamente-, en la solicitud de la certificación de estatus migratorio.

Panamá, xx de xxxxxx de 20xx.

Señores

Autoridad Nacional de Aduanas

Presente.

Señores:

Por este medio el suscrito licenciado xxxxxxx xxxxxxx, agente corredor de aduanas con licencia No. xxx, respetuosamente acudo ante usted a nombre y en representación del señor xxx xxx xxxx, ciudadano panameño jubilado en el exterior con cédula No. X-xxx-xxxx, a fin de solicitarle nos autorice la exoneración de los impuestos de importación al auto cuyas generales describimos a continuación, con fundamento legal en el decreto Ley 9 de 24-6-1987 y decreto ley No. 62 de 4-8-1987, en su calidad de panameño jubilado en xxxx xxx:

Descripción:

xxxxxxxxxxxxxxxxxxxxxxxxxxxxxxxxxxxxxxxx

Partida: xxxxxxxxxxxxxxxxxxxxxxx

Puerto de embarque: xxxxxxxxxxxxxxxxxxx
Cantidad: x
Peso: xxxx Kgs
Valor CIF: xxxxxxxxxx
Impuestos de importación: Exonerados
ITBM: xxxxx
I.S.C: 723.08
TASA: xxxxxx
I.T.B.M DE TASA: xxx
I.S.C: (TASA): xxxx
Uso del sistema: xx
Total a pagar: xxxx
Adjunto al presente documentos originales y predeclaración DExxxxxxxx-x x
Atentamente,
Licdo. **Xxxxxxxxxxxx xxxxxxxxxxxx**
Agente Corredor de Aduanas Lic. Xxx

* * *

-Exoneración para Cines y producciones cinematográficas (DIGICINE en el Ministerio de Comercio e Industrias).

A través de la Ley 16 de 27 de abril de 2012, se establecen incentivos fiscales a la producción de películas y documentales en Panamá, a fin de lograr un crecimiento y desarrollo de empleo en este campo.

Estos incentivos fiscales alcanzan también a los cines, con la condición de estar inscritos y contar con una resolución expedida por la Dirección General de Cine -DIGICINE-.

Una vez se tiene la resolución, se puede exonerar los insumos necesarios para el funcionamiento del cine. La solicitud se genera en el sistema, al momento de confeccionar la declaración de aduanas, y la Dirección de Fiscalización Industrial la otorga igualmente por sistema. La documentación debe ser presentada físicamente al departamento de Exenciones Tributarias de la Autoridad Nacional de Aduanas.

Panamá, xx de mes de 20xx
Señores
AUTORIDAD NACIONAL DE ADUANAS
Su Despacho. -

Por este medio el suscrito licenciado xxxxx xxxxx., agente corredor de aduanas con licencia No. xxx, respetuosamente le solicito a nombre de la empresa xxxxx xxxx con RUC xxxxx-x-xxxxx nos autorice la exoneración de los artículos que a continuación le detallo, de acuerdo a la Ley 16 de 27-4-2012 y certificación REGICINE 00x-xx:

Descripción: xxxxxxxxxxxxxxxxx
Partida: xxxxxxxxxxxxxxxxx
Bultos: xx

Valor CIF: xxxxx

Impuesto de Importación: Exonerados

I.T.B.M.: xxxxx

I.S.C.: 00.00

T.A.S.A: Exonerada

I.T.B.M. TASA: Exonerado

USO DE SIGA: 3.00

TOTAL A PAGAR: xxxxxxxx

Adjuntamos al presente la pre declaración de aduanas No. DE2xxxxxxxxxxxxxxx-x 0 y los documentos comerciales.

Muy Atentamente,

Licdo. Xxxxxxx xxxxxxxxxxxxxx

Agente Corredor de Aduanas Lic. xxxx

*   *   *

-Solicitud de rectificación de la declaración.

Como ya hemos dicho, la declaración de aduanas una vez registrada, no puede ser modificada, sino por razones especificas señalas en la Ley, y previa autorización del administrador regional de aduanas correspondiente.

Para obtener esa autorización, es necesario hacer la solicitud vía memorial y una vez obtenida la resolución de autorización para rectificar, esperar que el departamento de informática abra los campos y permita tener acceso a la declaración para hacer las rectificaciones necesarias. La apertura del campo tiene un costo de 50.00 pagaderos en la caja de la Autoridad Nacional de Aduanas.

Panamá, xx de mes de 20xx.

Licenciada

Xxxxxxxxxxxx xxxxxxxxxxxxxx

Administradora Regional de Aduanas

Zona xxxxxxxxxx. –

Respetada Señora Administradora:

Por este medio el suscrito licenciado xxxxxxxxxxxxxx xxxxxxxxxxxxxxx., agente corredor de aduanas con licencia No. xxx y oficinas en la xxxxxxxxxxxxxxxxx, piso xxx, oficina xxx, teléfonos xxx-xxxxxx, respetuosamente acudo ante usted a nombre y en representación de la empresa xxxxxxxxxxxx S, A., con registro único de contribuyente # xxxx-x-xxxx, para solicitarle nos autorice la rectificación de la declaración de aduanas No. DE20xxxxxxx-x x, así:

La declaración dice: xxxxxxxxxxxxxxxxxxxx

La declaración debe decir: xxxxxxxxxxxxxx

Hacemos esta solicitud debido a que al momento de

liquidar la naviera xxxxxx, no nos había informado que la carga sería trasladada del Puerto de xxxxxxxxxxxxxx al Recinto aduanero de xxxxxxxxxxxx.

En espera de recibir de usted una positiva acogida al presente, quedamos

Muy atentamente,

Lic. Xxxx xxxx xxxxx.
Agente Corredor de Aduanas Lic.xxx.
Adj. Documentación citada.

* * *

-Exoneración de impuestos de importación a través de leyes de incentivo turístico:

La Autoridad de Turismo de Panamá -antes IPAT-, permite la exoneración de impuestos de importación para los hoteles, hostales, cabañas, tour operadores y otros, que estén inscritos en el Registro Nacional de Turismo. Estas exoneraciones están amparadas en las leyes 8 de 14 de junio de 1998, modificada por el Decreto Ley No. 4 de 10 de febrero de 1998 y la Ley 58 de 28 de diciembre de 2006.

Para acogerse a estos incentivos, se deberá contar los siguientes documentos:

1) Copia del Registro Nacional de Turismo -RNT- vigente.

2) Solicitud de autorización de importación de artículos exonerados, aprobada por el Departamento de Fiscalización Industrial del Ministerio de Comercio y por el departamento de Exenciones Tributarias de la Autoridad Nacional de Aduanas, debidamente timbrada. Esta solicitud se hace por sistema y es aprobada en sistema, sin embargo, debe ser llevada físicamente al departamento de exenciones tributarias para su refrendo y sello, tiene una vigencia de tres (3) meses prorrogables por tres (3) meses más, previo pago -nuevamente- de los timbres fiscales correspondientes.

3) Licencias y permisos si se trata de mercancía que lo requiera, y

4) La documentación comercial que incluye; factura comercial y conocimiento de embarque.

Una vez que se cuenta con todos los documentos y se confecciona la declaración de aduanas, se hacen tres (3) juegos de documentos dirigidos a,

- Autoridad de Turismo de Panamá, para sello y refrendo

- Departamento de incentivos fiscales del Ministerio de Economía y Finanzas, para sello y refrendo.

- Departamento de Exenciones Tributarias de la Autoridad Nacional de Aduanas, para firma, refrendo y autorización -licencia- vía sistema informático.

-    Departamento de Fiscalización de la Dirección de Consular Comercial de la Contraloría General de la República, para firma y sello, con lo que finaliza la tramitación.

Panamá, xx de mes de 20xx.

Señores

Autoridad de Turismo de Panamá.

Su despacho.

Por medio del presente el suscrito licenciado Venancio E Serrano P., agente corredor de aduanas con licencia No. 230, respetuosamente acudo ante usted a nombre de xxxxxxxxxxxxx., con RUC No. Xxxxx-x-xxxxx con el fin de solicitar la intervención de sus buenos oficios, a fin de que nos autorice la exoneración de impuestos de importación, de acuerdo a lo establecido en la Ley 8 de 14-6-94, para los artículos listados a continuación:

Descripción: xxxxxxxxxxxxxx
Partida:xxxxxxxxxxxxx
Valor CIF: xxxxxxxxxxxx
Impuestos de importación: Exonerados
ITBMS: xxxxx
TASA: xxxxx
ITBM DE TASA: xxxx
Uso del sistema SIGA:xxxx

Total a pagar: **xxxxx**

Adjunto los documentos de embarque originales, autorización de exoneración aprobada por el Ministerio de Comercio e Industrias, así como predeclaración de aduanas No. DExxxxxxx-0
Muy atentamente,

Lic. xxxxxxxxxxxxx.
Licencia No. xxx

Nota: Este memorial deberá ser presentado ante la Autoridad de Turismo, el Ministerio de Economía y Finanzas y la Autoridad Nacional de Aduanas, son tres memoriales idénticos, cada uno con su juego respectivo de copias, en los cuales solo varía el destinatario.

Tramitación en Exenciones Tributarias de la Autoridad Nacional de Aduanas.

El Departamento de Exenciones Tributarias de la Autoridad Nacional de Aduanas es el encargado, en conjunto con la Dirección Consular Comercial de la Contraloría General de la República, de darle trámite a todas las solicitudes de exoneración amparadas en leyes especiales. Existen dos categorías de exoneración de impuestos de importación e ISC:

1. Exoneración total, con lo cual únicamente se paga el ITBMS, y

2. Exoneración parcial, con la que se exonera solamente un porcentaje del impuesto de importación, porcentaje que lo determina la Ley a la cual se acoge el contribuyente.

Al tramitarse una exoneración, total o parcial, se deberá ubicar en el sistema informático de aduanas, el código que corresponde al tipo de exoneración:

a) Código 02 = exoneración total
b) Código 03= exoneración parcial

Una vez definido el tipo de exoneración, se deberá ubicar el fundamento legal específico para la entidad (estatal o privada) a la cual se le concede la exoneración.

Estos fundamentos legales se despliegan en la base de datos del sistema y el agente corredor de aduanas escoge el que aplica a su caso específico, a la fecha existen acreditados en el sistema informático de aduanas 99 fundamentos legales para acogerse a exoneración total (código 02), a saber:

FUNDAMENTO LEGAL PARA IMPORTACIONES CON EXONERACION TOTAL DEL IMPUESTO

01- Ley 49 de 4/12/84 y Ley 27/5/92

02- Decreto 280 del 13/8/70 para Diplomáticos

03- Ley 64 de 28/10/2009 para SERTV

04- Ley 19 del 11/6/97 sobre Autoridad del Canal de Panamá

05- Ley 28 de 20/6/95 para Industria Farmacéutica

06- Ley 13 de 12/2/98 para Industria Bananera

07- Empresas Turísticas Ley No. 08 del 14/6/94 y Ley No. 8/11/12

08- Actividades Extractiva y de Minería contrato 7/5/87

09- Diputados del PARLACEM ley No. 2 del 16/05/1994

10- Régimen Especial de Cine Ley No. 16 del 27/04/2012

11- Ley 36 de 6/7/95 para Donación para el Estado

12- Resolución No. 201-1984 de 29/11/96, Ley No. 5 de 1988

13- Articulo 65 y 404 del Código Judicial para Magistrados de la Corte Suprema de Justicia

14- Ley 17 de 30/6/96 para el Tribunal Electoral

15- Ley 6 de 3/2/97 y Decreto 22 para Prestaciones de Servicios Públicos de Electricidad.

16- Ley 6 de 10/2/98 para la Ciudad del Saber

17- Ley 24 de 14/7/2005 para Universidad de Panamá

18- Ley 12 de 3/1/96 para Colón Container Terminal

19- Contrato 98 de 29/12/97 para PYCSA

20- Ley 31 21/12/93 para Motores Internacionales, S.A.

21- Ley 5 de 16/1/97 para Panamá Port Company

22- Contrato 70-96 de 6/8/96 para ICA Panamá

23- Ley 15 de 17/2/98 para Panamá Canal Railway Company

24- Ley 17 de 1/5/97 Cooperativas

25- Ley 16 de 11/7/63 para Universidades Privadas

26- Ley 18 de 29/9/83 para INADEH

27- Incentivo de Centrales Eólicas Ley No. 44 de

5/4/2011

28- Ley No.8 de 24/6/87 para Jubilados y Pensionados

29- Ley 9 de 25/2/95 para Clínicas y Hospitales Privados

30- Ley 51 de 27/12/2005 para CSS

31- Zona Franca de las Américas II, Licencia de Operación No. 10 del 7 de diciembre 2016, Ley 32 del 5 de abril de 2011.

32- Ley 9 de 19/1/89 Macro y Pequeña Empresa

33-Ley 19 de 8/8/63 para Servicio Aéreo Publico

34- Ley 24 de 23/11/92 para Actividad de Reforestación

35- Ley 21 de 18/10/82 para Cuerpo de Bomberos de Panamá

36- Ley 109 de 8/10/73 para Explotación Minerales no Metálicos

37- Ley 14 de 2/7/81 para Petroterminal de Panamá

38- Incentivo a la Artesanía Ley 11 del 22/02/2011

39- Decreto Ley 36 de 22/9/66 para Ciudad del Nino

40- Decreto Ley 9 de 27/8/97 para Restauración del

Casco Antiguo

41- Decreto de Ley 17 de 23/8/58 para Hospital del Niño

42- Decreto Gabinete No. 4 de 28/2/91 Incentivos a la Iglesia

43- Ley 56 para Policía Nacional, DIJ, SPI

44- Ley 80 de 9/11/60 para Boys Scout y Muchachas Guías

45- Articulo 340 del Código de Trabajo para Organizaciones Sindicales

46- Articulo 90 y 164 para Partidos Políticos

47- Articulo 81 Decreto Ley 1 del 13 de febrero de 2008 (Ministerio de Salud)

48- Ley No 32 de 2011 – Operador de la Zona Franca Vagull, S.A.

49- Decreto 211 de 8/7/1969 para Colegios Privados

50 – Ley 52 de 13/12/2000 para Caja de Ahorros

51- Decreto Ley 1 de 13/2/08 para Instituciones del Estado

52- Decreto ley 1 de 13/2/08 para Instituciones del Estado, con exoneración del ITBMS

53- Ley 39 14/08/2007 – Petroprt, S.A. Cert.No.201-01-13-IT

54- Contrato 116-97 para Aguas de Panamá, S.A.

55- Ley 39 de 17/10/80 para Estaciones de Televisión

56- Ley 3 de 20 de junio de 1986 Fomento y Desarrollo de la Industria Nacional

57- Ley 16 de 7/2/2001 para Cruz Roja Panameña

58- Federación Nacional de la Cruz Roja y Media Luna Roja. Decreto de Gabinete 280 de 1980/Resolución 904-04-492-OAL

59- Ley 8 de 7/7/99 para Diplomáticos Panameños

60- Ley 42 de 27/8/99 para Discapacitados

61- Ley 4 de 10/4/2000 para Hospital Santo Tomas

62- Panamá Oil Terminal, S.A. Art. 10 de la Ley 39 de 14/8/2007

63- Ley 12 de 12/1/2001 para Hospital José Domingo de Obaldía

64- Ley 30 de 6/2/96 para Patronato Panamá la Vieja

65- Ley 28 de 2001 para IDAAN

66- Decreto Ley 13 de 22/1/69 para Autoridad Aeronáutica Civil

67- Ley 53 de 1951 para el I.P.H.E

68- METRO DE PANAMA, S.A, Articulo 25 de la Ley 109 de 25 de noviembre de 2013

69- METRO DE PANAMA, S.A / CONTRATISTAS, SUBCONTRATISTAS Y PROVEEDORES del Articulo 27 de la ley 109 de 26 d noviembre de 2013

70- Minera Cerro Quema, bajo los contratos #19, 20 y 21 del Ministerio de Comercio e Industrias y la Ley no. 3 de 28 de enero 1988, que modifica el artículo 262 del Código……

71- Ley 20 de 22/4/1975 para Banco Nacional de Panamá

72- Ley 45 de 4/7/2004 para Mini hidroeléctricas / Certificación del ANIP

73- Ley 45 de 4/7/2007 para Mini hidroeléctricas

74- Ley 45 de 25/6/78 para IFARHU

75- Resolución No. 108 de 18 de agosto 2016, Campamento MINDI

76- Ley 11 de 4/7/1984 para Instituto Oncológico Nacional

77- Ley 78 de 17/12/2003 para Instituto Conmemorativo Gorgas

78- Ley 7 de 10/2/98 para Autoridad Marítima de Panamá

79- Ley 9 de 26/2/1997 para Sociedad Minera Petaquilla

80- Ley 41 Área Económica Especial Panamá Pacifico

81- UMIP Ley No. 81 de 8/11/2012 (Universidad Marítima Internacional de Panamá)

82- Ley 25 Administración de Aeropuertos y Aeródromos de Panamá

83- Donación al sector privado sin fines de lucro privado/Decreto de Gabinete N 12 de 29 de marzo de 2016

84- Ley 39 14/8/2007 – Melones Oil Terminal Inc. Contrato No 48

85- Constructora Norberto Odebrecht y Aeropuerto Internacional de Tocumen, S.A.

86- Ley 37 de 10/6/2013 – Régimen de Incentivos para el Fomento de la Construcción, operación y mantenimiento de centrales y/o instalaciones solares

87- Colon Oil and Service, S.A. (COSSA), Decreto de Gabinete No.36 de 17/9/2013, Ley 39 de agosto de 2007

88- Ley No.37 Fomento de la construcción, operación, mantenimiento de centrales o instalaciones solares

89- COLON CONTAINER POR INC./ Ley no.43 de 18 de junio de 2013, se aprueba Contrato A-2017-12 de 17 de mayo de 2013

90- Ley 41 de 2007 Régimen Especial para Empresas SEM

91- Ley 71 para Programa Mundial de Alimentos

92- Ley 4 de 16/1/2006 para UNACHI

94- Ley 14 de 23/1/2009 para Secretaria Nacional de la Niñez, Adolescencia y Familia

95- Decreto de Gabinete no. 56 para Incentivo al Transportista

96- Ley 224 de 1969 para Lotería Nacional de Beneficencia

97- Ley 71 de 23/12/08 para Instituto Nacional de la Mujer

98- Ley 63 de 15/10/2010 para Metro Bus

99- Ley 62 sobre el Metro de Panamá

Tramitación de Certificados de origen -**para la exportación**- relativos a los Tratados y Acuerdos Comerciales suscritos por la República de Panamá, vigentes a la fecha.

1.- TRATADO DE LIBRE COMERCIO PANAMÁ-REP. DE CHINA
TRATADO COMERCIAL PANAMÁ – REP. DOMINICANA
ACUERDO DE ALCANCE PARCIAL PANAMÁ – REP. COLOMBIA
ACUERDO DE ALCANCE PARCIAL PANAMÁ – REP. CUBA.

Toda persona natural o jurídica que solicite un **CERTIFICADO DE ORIGEN** – para bienes industriales y agroindustriales - a fin de beneficiarse de los tratados y acuerdos suscritos entre Panamá Rep. de China, la República Dominicana, Colombia y Cuba requiere obtener con antelación un **Informe de Determinación de Regla de Origen**, emitido por la Dirección General de Industrias (DGI). Para ello, la persona deberá presentar la información siguiente ante la DGI:

– Formulario de "Solicitud para la Determinación de Origen ante la Dirección General de Industrias", firmado por el exportador o representante legal de la empresa. (Formato 1).

– Formulario de Solicitud de Determinación de Regla de Origen, (Formato 2). Para cada producto se debe llenar este formulario.

– Copia del Registro Único del Contribuyente (RUC).
– Copia del Aviso de Operación.

Debe Dirigirse a la Dirección General de Industrias para retirar los formatos arriba señalados o los puede obtener de la página Web del Ministerio, www.mici.gob.pa. Cumplido este trámite con la Dirección General de Industrias, puede proceder a presentar ante la Ventanilla Única el Certificado de Origen, debidamente llenado, firmado y sellado, a fin de obtener la Certificación de la Ventanilla Única. * **Certificado de Origen se obtiene en la Ventanilla Única del VICOMEX. Costo B/.2.00**

2.- ALADI1
Colombia
Cuba
China (Taiwán) -en suspenso por rotura de relaciones diplomáticas-
México
Perú
Acuerdo con la Asociación Europea de Libre Comercio (AELC)
Acuerdo de Asociación con la Unión Europea -ADA-

PASOS PARA OBTENER UN
CERTIFICADO DE ORIGEN

Toda persona natural o jurídica que solicite un CERTIFICADO DE ORIGEN – para bienes industriales y agroindustriales - a fin de beneficiarse de los Acuerdos y Tratados suscritos por Panamá, requieren obtener con antelación un Informe de Determinación de Regla de Origen, emitido por la Dirección General de Industrias (DGI). Por ello, la persona deberá presentar la información siguiente ante DGI:

1 Argentina, Bolivia, Chile, Cuba, Ecuador, México, Paraguay y Uruguay
- Formulario de "Solicitud para la Determinación de Origen ante la Dirección General de Industrias", firmado por el exportador o representante legal de la empresa. (Formato 1).

- Formulario de Solicitud de Determinación de Regla de Origen, (Formato 2).

- Copia del Registro Único del Contribuyente (RUC).

- Copia del Aviso de Operación.

Dirigirse a la Dirección General de Industrias para retirar los formatos arriba señalados o los puede obtener de la página Web del Ministerio, www.mici.gob.pa Sección de Tratados Comerciales Vigentes y selecciona el de su interés.

Cumplido este trámite con la Dirección General de Industrias, puede proceder a presentar ante la ventanilla Única el Certificado de Origen, debidamente llenado, firmado y sellado, a fin de obtener la Certificación de la Ventanilla Única de Comercio Exterior del MICI.

3.-En general, el trámite arriba descrito aplica igualmente para las exportaciones a los siguientes países:

Acuerdo de Alcance Parcial Panamá - Trinidad y Tobago
Acuerdo de Asociación entre Centroamérica y La Unión Europea (ADA)
Acuerdo Sobre Cooperación Económica y Comercial Panamá - Israel
Asociación Latinoamericana de Integración - ALADI
Protocolo de incorporación al Sistema de Integración Centroamericana
TLC entre los Estados AELC y los Estados Centroamericanos(EFTA)
TLC Panamá - Canadá
TLC Panamá - Costa Rica*
TLC Panamá - Chile

TLC Panamá - China (Taiwán)-en suspenso por ruptura de relaciones-
TLC Panamá - El Salvador*
TLC Panamá - Guatemala*
TLC Panamá - Honduras*
TLC Panamá - Nicaragua*
TLC Panamá - Perú
TLC Panamá - Singapur
TLC Panamá -México
Tratado Comercial Panamá - República Dominicana
Tratado de Promoción Comercial entre Panamá y Estados Unidos
Unión Aduanera Centroamericana

*Para los países de América Central aplica el Formulario Aduanero Único Centroamericano -**FAUCA**-

Tramitación de Importaciones al Amparo de los Tratados de Libre Comercio suscritos por la República de Panamá, vigentes a la fecha.

Los Tratados y Acuerdos de Libre Comercio o de Promoción Comercial, buscan incrementar el comercio entre las partes y ser un instrumento de desarrollo económico y social para el país. Jurídicamente se ubican dentro del bloque de la Constitucionalidad y se integran a nuestra legislación a través de una Ley, que debe ser promulgada en la Gaceta Oficial para que pueda formar parte de nuestra legislación.

Para que un tratado o acuerdo comercial puede ser aplicado en nuestro país, debe:

a) Ser firmado por el Presidente de la República con el Ministro de Comercio e Industrias, conjuntamente con sus contrapartes del país con el cual se negoció el acuerdo o tratado.

b) Una vez firmado, el órgano Ejecutivo debe enviarlo a la Asamblea Nacional, para su discusión y aprobación. Al ser ratificado por la Asamblea Nacional, ésta lo devuelve al órgano Ejecutivo, que lo publica en Gaceta Oficial, al promulgarse, se convierte en Ley de la República y entra a formar parte de nuestro orden legal, con lo cual puede ser aplicado a cualquier trámite o régimen que aplique.

Como Ley de la República, los tratados y acuerdos se aplican de manera directa a la importación que corresponda, a través del sistema informático de la aduana.

Cuando se tramita una importación amparada en un tratado o acuerdo de libre comercio, la Ley aplicable es el tratado exclusivamente.

No se puede aplicar ninguna otra ley o decreto diferente al tratado, a menos que el mismo tratado diga que se puede aplicar la legislación nacional como norma supletoria.

En ese sentido, el funcionario de aduanas, al aforar este tipo de importaciones, debe ceñirse completamente a lo señalado en tratado, en cuánto a la forma en que deben presentarse los certificados de origen, el refrendo que deben tener por las autoridades competentes de origen y cualquier otro documento que aplique.

Los contribuyentes por otro lado deben cerciorarse de que los formularios de certificado de origen se presenten exactamente en la forma que señala cada tratado y que hayan sido llenados de forma correcta.

Cada certificado de origen tiene -en su parte posterior-, las instrucciones acerca de cómo deben llenarse, firmarse y sellarse.

Al ser convenios que se basan en la reciprocidad, la omisión de un requisito, una firma o un sello, invalida el documento.

El certificado de origen debe presentarse al momento del aforo en el recinto de aduanas e igualmente, debe ser incorporado al sistema informático de aduanas dentro de los documentos de apoyo de la declaración de aduanas.

El no cumplir o cumplir a medias, un requisito, perjudica al contribuyente que deberá pagar los impuestos correspondientes al no contar con el certificado con la forma y el fondo exigidos por l propio tratado o acuerdo.

Ahora bien, es importante señalar que, en general, a las importaciones amparadas en tratados o acuerdos de Libre Comercio o de Alcance Parcial, NO se les puede aplicar una discrepancia (de aforo, valor, origen, etc.), ni el recargo que conlleva dicha discrepancia, a menos que el tratado respectivo señale claramente que procede dicha discrepancia.

Para estos casos, los tratados contemplan un apartado o anexo de "solución de conflictos" o "revisión de origen". Este apartado o anexo señala los pasos a seguir en el evento de que surja una controversia entre aduanas y el contribuyente, por esa razón el agente corredor de aduanas debe conocer con claridad meridiana el tratado y las reglas que está aplicando para que pueda asesorar debidamente y de forma correcta al contribuyente y a la vez pueda ser capaz de sustentar su trámite ante la aduana.

Debemos entender que se trata de la aplicación de la Ley, lo que no admite interpretaciones. Es muy común el encontrar funcionarios de aduanas que emiten discrepancias de aforo o retienen carga, justificando su actuación en que ellos tienen un "criterio diferente" a lo que claramente expresa el tratado. Ante estos casos, nuestra legislación establece la responsabilidad civil, administrativa y penal del funcionario de aduanas, por lo que, en caso de incurrir en daños y perjuicios, se debe demandar judicialmente al funcionario y a la aduana.

Generalidades en la tramitación de importaciones amparadas en los Tratados y Acuerdos Comerciales suscritos por Panamá.

1. Toda importación debe ampararse, además de la correspondiente factura y conocimiento de embarque, en un certificado de origen válido, tramitado de acuerdo a lo establecido en el propio tratado y con las firmas y refrendos exigidos.
2. En el caso de Centroamérica, pueden utilizarse el Formulario Aduanero Único Centroamericano (FAUCA) o el Certificado de Origen del país centroamericano que corresponda.
3. En el caso del Acuerdo de Asociación entre Europa y Centroamérica, puede ampararse la importación en:

3.1 Una auto certificación en factura, sin autorización aduanera, por un valor en factura hasta seis mil (6,000.00) euros.

3.2 Una auto certificación en factura, con número de autorización de la autoridad aduanera del país de origen, por montos mayores a seis mil (6,000.00) euros.

3.3 Un certificado de movimiento de mercancías Eur 1.

4. Solamente el tratado de Promoción Comercial (TPC), permite al exportador, importador o fabricante, el extender ellos mismos el Certificado de Origen. Todos los demás certificados de origen requieren visto bueno (firma) y refrendo (sellos) de una autoridad nacional para ser válidos.

5. En general, los certificados de origen deben ser presentados en original al momento del despacho de la carga en aduanas, sin embargo, el artículo 10 de la Ley 55 de septiembre de 2015 (acuerdo de facilitación de comercio), permite su presentación a la aduana en copia.

6. Si se presenta una copia al momento del despacho y aduanas requiere que se presente el original, el contribuyente tiene, en general, 20 días hábiles para presentarlo, sin penalización de ningún tipo.

7. En caso de surgir alguna discrepancia sobre una importación que se presente a despacho amparada en un tratado de libre comercio, el funcionario aforador debe proceder a abrir el sistema para permitir el pago de los impuestos no pagados, sin registrar una discrepancia de aforo ni retener la carga. Cada tratado establece las formalidades para estos casos.

8. Legalmente, a las importaciones amparadas en tratados o acuerdos de libre comercio, no se les puede aplicar

ninguna disposición legal diferente al propio tratado. En caso de algún vacío, el tratado mismo debe expresar cual ley debe considerarse como supletoria.

9. El Código Aduanero Uniforme Centroamericano y su reglamento, así como la legislación nacional de Panamá, aplican para todos los regímenes aduaneros **NO** amparados o contemplados en los tratados o acuerdos de libre comercio.

Tramitación amparada en los diferentes Tratados y Acuerdos de Libre Comercio.

Tramitación de acuerdo con el Acuerdo de Asociación entre Centroamérica y la Unión Europea (ADA):

En el caso del Acuerdo de Asociación entre Centroamérica y la Unión Europea (ADA), existen tres posibilidades para acogerse a dicho acuerdo, estas son:

a)<u>Importaciones amparadas en un certificado de circulación de mercancías,</u> conocido como EUR 1 el cual aplica para mercancías, independientemente del valor de éstas. Los certificados EUR 1 pueden ser extendidos **"a posteriori",** esto es, después de que la carga salió del país de exportación, **y en copia,** en el evento de que se haya extraviado el original, en concordancia con el artículo 14 del acuerdo:

ARTÍCULO 14; Requisitos generales.

1. Los productos originarios de la Unión Europea deberán, para su importación en Centroamérica, y los productos originarios de Centroamérica deberán, para su importación en la Unión Europea, acogerse al presente Acuerdo previa presentación de:

a) Un certificado de circulación de mercancías EUR.1, cuyo modelo figura en el apéndice 3; o

b) En los casos contemplados en el artículo 19, apartado 1, una declaración, denominada en lo sucesivo "declaración en factura", del exportador en una factura, una nota de entrega o cualquier otro documento comercial que describa los productos en cuestión con detalle suficiente para que puedan ser identificados; el texto de dicha declaración en factura figura en el apéndice 4.

2. No obstante, lo dispuesto en el apartado 1, en los casos especificados en el artículo 24 los productos originarios en el sentido definido en el presente anexo deberán beneficiarse del Acuerdo sin que sea necesario presentar ninguno de los documentos antes citados.

b) Importaciones amparadas en una auto certificación en factura, cuyo valor CIF no sea superior a seis mil (6,000.00) euros, pueden incluso extenderse a mano (manuscritas), definidas en el artículo 19 del acuerdo:

ARTÍCULO 19 Condiciones para extender una declaración en factura:

1. Una declaración en factura contemplada en el artículo 14, apartado 1, letra b), podrá extenderla:

a) Un exportador autorizado en el sentido de lo dispuesto en el artículo 20;

b) Cualquier exportador para cualquier envío constituido por uno o varios bultos que contengan productos originarios cuyo valor total no supere el importe en Euros establecidos en el apéndice 6 (Importes mencionados en el artículo 19, apartado 1, letra b), y el artículo 24, apartado 3, del anexo II, Relativo a la definición del concepto de "productos originarios" y métodos de cooperación administrativa).

2. Podrá extenderse una declaración en factura si los productos en cuestión pueden considerarse productos originarios de la Unión Europea o de Centroamérica y cumplen los demás requisitos del presente anexo.

3. El exportador que extienda una declaración en factura deberá poder presentar en todo momento, a petición de las autoridades públicas competentes de la Parte exportadora, todos los documentos pertinentes que demuestren el carácter originario de los productos en cuestión, así como el cumplimiento de los demás requisitos del presente anexo.

DECLARACIÓN EN FACTURA; Requisitos específicos para extender una declaración en factura:

La declaración en factura cuyo texto figura a continuación se extenderá utilizando una de las versiones lingüísticas establecidas y de conformidad con las disposiciones de la legislación nacional del país exportador.

Si la declaración se extiende a mano, deberá escribirse con tinta y en caracteres de imprenta. La declaración en factura se extenderá de conformidad con las notas a pie de página correspondientes. No será necesario reproducir las notas a pie de página.

Versión española: El exportador de los productos incluidos en el presente documento (autorización aduanera o de la autoridad pública competente nº ... (1)) declara que, salvo indicación en sentido contrario, estos productos gozan de un origen preferencial ... (2).

(1) Cuando la declaración en factura se efectúe por un exportador autorizado en el sentido de lo dispuesto en el artículo 20 del anexo II, el número de autorización del exportador autorizado deberá consignarse en este espacio. Cuando la declaración en factura no la efectúe un exportador autorizado deberán omitirse las palabras entre paréntesis o deberá dejarse el espacio en blanco.

(2) Indíquese el origen de los productos. Cuando la declaración en factura se refiera, en su totalidad o en parte, a productos originarios de Ceuta y Melilla en el sentido del artículo 34 del anexo II, el exportador deberá indicarlo claramente en el documento en el que efectúe la declaración mediante el símbolo «CM».

(**3**) Estas indicaciones podrán omitirse si el propio documento contiene ya la información.

(**4**) Véase el artículo 19, apartado 5, del anexo II. En los casos en que no se requiera la firma del exportador, la exención de firma también implicará la exención del nombre del firmante

…….……….. (**3**)
(Lugar y fecha)
…………….. (**4**)
(Firma del exportador; además deberá indicarse de forma legible el nombre de la persona que firma la declaración)

c) Importaciones amparadas en una autorización aduanera expedida u otorgada por la Autoridad Aduanera del país de origen, que incluya el número de dicha autorización, cuyo valor CIF es superior a seis mil (6,000.00) euros. Tal como lo establece el artículo 20 del acuerdo, a saber:

ARTÍCULO 20; Exportador autorizado:

1.   Las autoridades públicas competentes de la Parte exportadora podrán autorizar a todo exportador, denominado en lo sucesivo "exportador autorizado", que efectúa exportaciones frecuentes de productos al amparo del presente Acuerdo, a extender declaraciones en factura independientemente del valor de los productos correspondientes.

Un exportador que solicite estas autorizaciones deberá ofrecer, a satisfacción de las autoridades públicas competentes, todas las garantías necesarias para verificar el carácter originario de los productos, así como el cumplimiento de los demás requisitos del presente anexo.

2. Las autoridades públicas competentes podrán otorgar el carácter de exportador autorizado de conformidad con condiciones que consideren apropiadas.

3. Las autoridades públicas competentes otorgarán al exportador autorizado un número de autorización que figurará en la declaración en factura.

4. Las autoridades públicas competentes controlarán el uso de la autorización que haga el exportador autorizado.

5. Las autoridades públicas competentes podrán revocar la autorización en todo momento. Deberán hacerlo cuando el exportador autorizado no ofrezca ya las garantías contempladas en el apartado 1, no cumpla las condiciones contempladas en el apartado 2 o use incorrectamente la autorización.

El certificado de circulación de mercancías (EUR 1), es un documento que únicamente otorga origen a la mercancía que ampare, en ese sentido, el hecho de que un certificado EUR 1 esté consignado a una persona diferente a la cual se consigna el bill of lading o factura comercial, o que estos documentos hayan sido endosados, no le elimina la preferencia ni el origen a las mercancías. Igualmente, el Acuerdo, en su artículo 27 señala que los errores y discordancias de forma, no le restan validez al Eur 1:

ARTÍCULO 27; Discordancias y errores de forma:

1.   La existencia de pequeñas discordancias entre las declaraciones efectuadas en la prueba de origen y las realizadas en los documentos presentados en la oficina aduanera con objeto de dar cumplimiento a las formalidades necesarias para la importación de los productos no supondrá, *ipso facto,* la invalidez de la prueba de origen si se comprueba debidamente que esta última corresponde a los productos presentados.

2.   Los errores de forma evidentes, tales como los errores de mecanografía en una prueba de origen, no serán causa suficiente para que un documento sea rechazado, si no se trata de errores que puedan generar dudas sobre la exactitud de las declaraciones realizadas en el mismo.

PERIODO DE TIEMPO PARA LA PRESENTACIÓN DE UNA DECLARACIÓN DE FACTURA O REEMBOLSO DE LOS ARANCELES SEGÚN ESTABLECEN EL ARTÍCULO 19, APARTADO 6, Y

EL ARTÍCULO 21, APARTADO 4, DEL ANEXO II, RELATIVO A LA DEFINICIÓN DEL CONCEPTO DE "PRODUCTOS ORIGINARIOS" Y MÉTODOS DE COOPERACIÓN ADMINISTRATIVA:

1. Para la Parte UE, dos años.
2. Para las Repúblicas de la Parte CA, un año.

Todo contribuyente que al momento de la importación no contaba con una prueba de origen (Eur 1, auto certificación en factura), tiene un año para presentarla y solicitar el reembolso (devolución) de los impuestos pagados.

La solicitud de devolución debe hacerse a través de un abogado, dirigida al administrador regional de aduanas que corresponda y deberá adjuntarse todos los documentos que ampararon la importación, en originales o copias autenticadas.

La solicitud de devolución de impuestos debe estar legalmente sustentada, en los términos del acuerdo, y debe incluir una relación detallada de los hechos que impidieron la presentación de la prueba de origen, al momento en que se dio la importación.

EXENCIONES DE LA PRUEBA DE ORIGEN

De conformidad con el artículo 24, apartado 3, del anexo II, el valor total de los productos indicados en dicho artículo no será superior a 500 euros cuando se trate de bultos pequeños o a 1 200 euros en el caso de productos que formen parte del equipaje personal del viajero.

Esto quiere decir que todo embarque proveniente de cualquier país miembro del acuerdo, cuyo valor sea menor a 500.00 euros, si se trata de mercancía y 1,200.00 euros, si se trata de productos que formen parte del equipaje de un viajero, se acogen a los beneficios del acuerdo SIN que sea necesaria la presentación de una prueba de origen.

Tramitación según lo establece el Tratado de Promoción Comercial (TPC USA-Panamá).

El tratado de Promoción Comercial suscrito entre Panamá y Estados Unidos es el único que le permite al importador, el confeccionar su propio Certificado de Origen, en el formato recomendado por el Ministerio de Comercio e Industrias.

En ese sentido, debe quedar claro que el formato citado es "recomendado", no obligatorio, entendiéndose que es posible presentar otros formatos de certificado de origen que deben ser aceptados por las autoridades panameñas.

A las importaciones amparadas en el TPC no se le pueden aplicar discrepancias ni recargos. En el evento de que un producto se considere no originario por un funcionario de aduanas, el funcionario deberá comunicarlo al Departamento de Normas y la Autoridad Nacional de Aduanas deberá activar el procedimiento de verificación, directamente con la aduana de los Estados Unidos.

Al momento del desaduanamiento de la carga, no se le puede exigir al importador que presente ninguna certificación o documento de ningún tipo, puesto que el Tratado es claro al establecer que la verificación de origen es un proceso que debe efectuar la autoridad.

La carga deberá ser entregada al importador, hasta tanto la aduana determine a su satisfacción, el origen de la misma.

En el evento de que el contribuyente se percate que haya existido un error en la declaración ya sea durante el aforo o después de haber retirado la carga de aduanas, deberá proceder de inmediato a pagar la suma que haya dejado de pagar -sin recargos-, a fin de subsanar el error.

Para acogerse a los beneficios del tratado, una mercancía debe cumplir con los siguientes requisitos:

Sección A: Reglas de Origen

Artículo 4.1: Mercancías Originarias;

Salvo que se disponga lo contrario en este Capítulo, cada Parte dispondrá que una mercancía es originaria cuando:

(a)   es una mercancía obtenida en su totalidad o producida enteramente en el territorio de una o de ambas Partes;

(b) es producida enteramente en el territorio de una o de ambas Partes y

(i) cada uno de los materiales no originarios empleados en la producción de la mercancía <u>sufre un cambio aplicable en la clasificación arancelaria</u> especificado en el Anexo 4.1, o

(ii) la mercancía satisface de otro modo <u>cualquier requisito de valor de contenido regional</u> aplicable u otros requisitos especificados en el Anexo 4.1, y la mercancía cumple con todos los demás requisitos aplicables de este Capítulo; o

(c) es <u>producida enteramente</u> en el territorio de una o de ambas Partes, a partir exclusivamente de materiales originarios.

Sección B: Procedimientos de Origen

Artículo 4.15: Declaración de Origen

1. Cada Parte dispondrá que un importador podrá solicitar el trato arancelario preferencial con fundamento en una de las siguientes situaciones:

(a) una certificación escrita o electrónica emitida por el importador, exportador o productor; o

(b) el conocimiento del importador respecto de si la mercancía es originaria, incluyendo la confianza razonable en la información con la que cuenta el importador de que la mercancía es originaria.

2. Cada Parte dispondrá que **una certificación no necesita estar hecha en un formato preestablecido**, siempre que la certificación sea en forma escrita o electrónica, incluyendo, pero no limitando, los siguientes elementos:

   (a) el nombre de la persona certificadora, incluyendo, cuando sea necesario, información de contactos u otra información de identificación;

   (b) clasificación arancelaria bajo el Sistema Armonizado y una descripción de la mercancía;

   (c) información que demuestre que la mercancía es originaria;

   (d) la fecha de la certificación; y

   (e) en el caso de una certificación general emitida conforme al párrafo 4 (b), el período que cubre la certificación.

3. Cada Parte dispondrá que una certificación del productor o exportador de la mercancía podrá llenarse con fundamento en:

   (a) el conocimiento del productor o exportador de que la mercancía es originaria; o

   (b) en el caso de un exportador, la confianza razonable en la certificación escrita o electrónica del productor de que la mercancía es originaria. Ninguna Parte exigirá a un exportador o productor que proporcione una certificación escrita o electrónica a otra persona.

4. Cada Parte dispondrá que una certificación podrá aplicarse a:

   (a) un solo embarque de una mercancía al territorio de una Parte; o

   (b) varios embarques de mercancías idénticas a realizarse dentro de cualquier período establecido en la certificación escrita o electrónica, que no exceda los 12 meses a partir de la fecha de la certificación.

5. Cada Parte dispondrá que la certificación tendrá una vigencia de cuatro años después de la fecha de su emisión.

   6. Cada Parte permitirá que un importador presente la certificación en el idioma de la Parte importadora o de la Parte exportadora. En este último caso, la autoridad aduanera de la Parte importadora podrá requerir al importador que presente una traducción de la certificación en el idioma de la Parte importadora.

Artículo 4.17: Excepciones

Este artículo permite a los importadores, acogerse al TPC sin la obligación de presentar un certificado de origen y la autoridad está obligada a procesar dicha importación.

Ninguna Parte exigirá una certificación o información que demuestre que una mercancía es originaria cuando:

(a) el valor aduanero de la importación no exceda un monto de 1,500 dólares estadounidenses o el monto equivalente en moneda panameña, o un monto mayor que puede ser establecido por la Parte importadora, a menos que la Parte importadora considere que la importación forma parte de una serie de importaciones realizadas o planificadas, con el propósito de evadir el cumplimiento de los requerimientos para la certificación; o

(b) es una mercancía para la cual la Parte importadora no requiere que el importador presente una certificación o información que demuestre el origen.

Tramitación según el TLC Chile-Panamá:

El tratado de Libre Comercio entre la República de Panamá y la República de Chile establece las condiciones y trámites que deben cumplirse para que una mercancía originaria de ambos países pueda ser importada al territorio de cualquiera de ellas, con las preferencias negociadas.

Este TLC establece un formato único para el certificado de origen a utilizarse, formato que debe ser completado por el exportador y tramitado ante las autoridades chilenas, para que pueda ser aceptado en Panamá.

Es importante conocer que Chile, tiene un sistema de facturación electrónica, que incluye el origen y demás datos exigibles, los cuales deben coincidir con el certificado de origen.

El certificado de origen debe cumplir con los siguientes requisitos:

REGLAS DE ORIGEN Y PROCEDIMIENTOS DE ORIGEN

Sección A Reglas de origen

Artículo 4.1: Mercancías originarias

1. Salvo que en este Capítulo se disponga otra cosa, una mercancía es originaria cuando:

(a) la mercancía se obtiene en su totalidad o es producida enteramente en el territorio de una o de ambas Partes;

(b) la mercancía es producida enteramente en el territorio de una o de ambas Partes y

(i) cada uno de los materiales no originarios utilizados en la producción de la mercancía sea objeto del correspondiente cambio de clasificación arancelaria especificado en el Anexo

4.1 (Reglas de origen específicas), o

(ii) la mercancía por otra parte cumpla con el correspondiente valor de contenido regional u otro requisito especificado en el Anexo 4.1 (Reglas de origen específicas), y la mercancía satisfaga todos los demás requisitos aplicables de este capítulo; o

(c) la mercancía es producida enteramente en el territorio de una o de ambas Partes exclusivamente a partir de materiales originarios.

Artículo 4.11: Tránsito y transbordo

1. Cada Parte dispondrá que una mercancía no será considerada mercancía originaria si fuere objeto de

producción posterior o de cualquier otra operación fuera de los territorios de las Partes, distinto de la descarga, recarga, transbordo o cualquier otro proceso necesario para preservar la mercancía en buenas condiciones o para transportarla al territorio de una Parte.

2. La Parte importadora podrá requerir que una persona que solicita que una mercancía es originaria demuestre, a satisfacción de las autoridades aduaneras de la Parte importadora, que cualquiera operación posterior llevada a cabo fuera de los territorios de las Partes cumple con los requisitos señalados en el párrafo 1.

Sección B Procedimientos de origen

Artículo 4.14: Certificado y declaración de origen

1. A la entrada en vigencia del presente Tratado, las Partes establecerán un formulario **único** para el certificado de origen y para la declaración de origen, de conformidad con el Artículo 4.20.2 (Facturación por un operador de un país no Parte y Reglamentaciones Uniformes).

2. El certificado de origen a que se hace referencia en el párrafo 1 servirá para certificar que las mercancías que se exportan del territorio de una

Parte al territorio de la otra Parte califican como originarias. <u>El certificado tendrá una validez de 2 años a contar de la fecha de su firma</u>.

3. Cada Parte deberá:

(a) exigir a los exportadores en su territorio que llenen y firmen un certificado de origen para toda exportación de mercancías respecto de las cuales un importador pudiere solicitar trato arancelario preferencial en su importación al territorio de la otra Parte,

(b) disponer que, en caso de no ser el productor de la mercancía, el exportador en su territorio pueda llenar y firmar el certificado de origen sobre la base de:

(i) su conocimiento respecto de si la mercancía califica como originaria;

(ii) su confianza razonable en la declaración escrita del productor en el sentido de que la mercancía califica como originaria, o

(iii) la declaración de origen a que se hace referencia en el párrafo 1.

4. Los productores de la mercancía deberán llenar y firmar la declaración de origen a que se hace referencia en el párrafo 1 y proporcionarla voluntariamente al exportador. La declaración tendrá una validez de dos años a contar de la fecha de su firma.

5. Cada Parte dispondrá que el certificado de origen pueda amparar la importación de una o más mercancías o varias importaciones de mercancías idénticas, dentro del período especificado en el certificado.

6. Respecto de las mercancías originarias que sean importadas al   territorio de una Parte a la fecha de entrada   en   vigencia   del   presente   Tratado   o posteriormente, cada Parte aceptará el certificado de origen que haya sido llenado y firmado con anterioridad a dicha fecha por el exportador.

Artículo 4.16: Devolución de aranceles aduaneros:

El   tratado   permite   solicitar   la   devolución   de impuestos   que   hayan   sido   pagados   sobre   una mercancía que, al momento de su importación, tenía derecho a cogerse al trato de libre comercio.

El termino para solicitar la devolución de impuestos es de un (1) año, contado a partir de la fecha en que se realizó la importación.

El contribuyente deberá solicitar la devolución de impuestos, a través de un abogado, al administrador regional de aduanas de la zona que corresponda, cumpliendo   con   los   parámetros   descritos   a continuación:

Cada Parte dispondrá que, en aquellos casos en que no se hubiere solicitado trato arancelario preferencial para una mercancía importada al territorio de la otra Parte que hubiese calificado como originaria, el importador de la mercancía, <u>en un plazo no superior a un año</u>, a contar de la fecha de la importación, pueda solicitar la devolución de los aranceles aduaneros pagados en exceso por no haberse otorgado trato arancelario preferencial a la mercancía, siempre que la solicitud vaya acompañada de:

(a) una declaración por escrito manifestando que la mercancía calificaba como originaria al momento de la importación;

(b) el certificado de origen; y

(c) cualquier documentación adicional relacionada con la importación de una mercancía, según lo requiera la autoridad aduanera.

No será necesario presentar un certificado de origen, en los casos detallados a continuación:

Artículo 4.18: Excepciones:

A condición de que no forme parte de dos o más importaciones que se efectúen o se pretendan efectuar con el propósito de evadir el cumplimiento de los requisitos de certificación de los artículos 4.14 y

4.15, una Parte no requerirá el certificado de origen en los siguientes casos:

(a) cuando se trate de una importación comercial de una mercancía cuyo valor en aduana no exceda de uno mil dólares de los Estados Unidos de América (US$ 1000), o su equivalente en moneda nacional, o una cantidad mayor que esa Parte establezca, pero podrá exigir que la factura comercial contenga o se acompañe de una declaración del importador o del exportador de que la mercancía califica como originaria;

(b) cuando se trate de una importación con fines no comerciales de una mercancía cuyo valor en aduana no exceda de un mil dólares de los Estados Unidos de América (US$ 1000), o su equivalente en moneda nacional, o una cantidad mayor que esa Parte establezca; ni

(c) cuando se trate de una importación de una mercancía para la cual la Parte importadora haya eximido del requisito de presentación del certificado de origen.

Tramitación en aduanas de acuerdo al TLC Panama-Canadá:

Para que una importación de mercancías pueda acogerse a los beneficios del TLC Panama-Canadá, el importador debe cumplir y presentar un certificado de origen, modelo único, en los idiomas español, francés o inglés, en los términos señalados en el TLC.

En el evento de que el certificado de origen adolezca de alguna falla o si según el criterio de la aduana panameña, presenta alguna anomalía, se debe otorgar al importador, un plazo de al menos 5 días, para que presente el certificado debidamente corregido a la aduana.

Sección I - Certificación de Origen

Artículo 4.02: Certificado de Origen

1. Las Partes deberán establecer, a más tardar a la fecha de entrada en vigencia del presente Tratado, un Certificado de Origen con el propósito de certificar que un bien exportado desde el territorio de una Parte al territorio de la otra Parte califica como bien originario. El Certificado de Origen podrá ser modificado posteriormente tal como las Partes decidan.

2. Cada Parte deberá permitir que el Certificado de Origen para un bien importado a su territorio sea presentado en inglés, francés o español.

3. Cada Parte deberá:

   (a) exigir que un exportador en su territorio llene y firme un Certificado de Origen para la

Venancio E. Serrano P.

exportación de un bien para el cual un importador pueda solicitar trato arancelario preferencial en el momento en que se importe el bien al territorio de la otra Parte; y

(b) disponer que, cuando un exportador en su territorio no sea el productor del bien en cuestión, pueda llenar y firmar el Certificado de Origen sobre la base de:

(i) su conocimiento de que el bien podría calificar como bien originario,

(ii) la confianza razonable en la declaración escrita del productor de que el bien califica como bien originario, o

(iii) un Certificado de Origen, llenado y firmado para el bien, y proporcionado voluntariamente al exportador por el productor.

4. De acuerdo al párrafo 3, ninguna parte podrá obligar a un productor a suministrar un Certificado de Origen a un exportador.

5. Cada Parte deberá permitir que un Certificado de Origen se aplique:

(a) a una sola importación de uno o varios bienes al territorio de una Parte; o

(c)   a múltiples importaciones de bienes idénticos al territorio de la Parte, efectuadas dentro de un plazo específico que no exceda 12 meses.

6.   Cada Parte deberá asegurarse de que el Certificado de Origen sea aceptado por su administración de aduanas por 4 años a partir de la fecha de la firma del Certificado de Origen.

Los importadores que se acojan a los beneficios del TLC Panamá-Canadá, deberán tener en su poder el certificado de origen al momento de efectuarse la importación y cumplir en general con las obligaciones detalladas en el artículo 4.03, a saber:

Artículo 4.03: Obligaciones relativas a las importaciones.

1.   Salvo disposición contraria contenida en el presente Capítulo, cada Parte deberá exigir al importador en su territorio que solicite trato arancelario preferencial para un bien importado a su territorio desde el territorio de la otra Parte para que:

(a) realice una declaración por escrito en el documento de importación previsto por las leyes y reglamentos, con base en un Certificado de Origen válido, una declaración escrita de que el bien califica como bien
originario;

(b) tenga el Certificado de Origen en su poder en el momento en que presente esa declaración;

(c) proporcione, a solicitud de la administración de aduanas de esa Parte, una copia del Certificado de Origen y, si esa autoridad competente lo exige, una traducción del Certificado de Origen en el idioma requerido por la legislación nacional; y

(d) presente sin demora una declaración corregida de la manera que exija la administración de aduanas de la Parte importadora y que pague los aranceles adeudados cuando el importador tenga motivos para creer que un Certificado de Origen en el cual basó su declaración contiene información incorrecta.

2. Para la aplicación del subpárrafo 1(d), si la Administración de Aduanas de la Parte importadora determina que el Certificado de Origen no ha sido llenado de conformidad con lo dispuesto en el Artículo 4.02, la Parte importadora deberá asegurarse de que se otorgue al importador un plazo de **al menos 5 días** hábiles para que proporcione un Certificado de Origen corregido a la Administración de Aduanas.

3. Cuando un importador solicite trato arancelario preferencial para un bien importado a su territorio desde el territorio de la otra Parte:

(a) la Parte importadora podrá denegar el trato arancelario preferencial al bien si el importador incumple un requisito previsto en el presente Capítulo; y

(c) la Parte importadora no deberá someter al importador a sanciones por haber presentado una declaración incorrecta si el importador corrige voluntariamente su declaración de conformidad con el subpárrafo 1(d).

4. Cada Parte, a través de su Administración de Aduanas, podrá exigir a un importador que demuestre que un bien para el cual el importador solicita trato arancelario preferencial fue transportado de conformidad con el Artículo 3.14 (Reglas de Origen –

Tránsito y Transbordo, presentando:

(a) documentos de transporte, tales como conocimientos de embarque o guías aéreas, que indiquen el itinerario del embarque y todos los puntos de embarque y transbordo anteriores a la importación del bien; y

(b) cuando el bien sea enviado o transbordado a través de un puerto fuera del territorio de las Partes, una copia de los documentos de control aduanero indicando a esa Administración de Aduanas que el bien permaneció bajo control aduanero mientras se encontraba fuera del territorio de las Partes.

5. Cuando un bien haya sido admitido como bien originario en el momento de su importación al territorio de una de las Partes, pero no se haya solicitado trato arancelario preferencial en el momento de la importación, la Parte importadora deberá permitir al importador, dentro de un plazo de al menos un año contado a partir de la fecha de importación, presentar una solicitud de reembolso de los aranceles pagados en exceso porque no se otorgó trato arancelario preferencial al bien, presentando a la Administración de Aduanas de Parte importadora:

(a) una declaración escrita de que el bien era originario en el momento de su importación;

(b) una copia del Certificado de Origen; y

(c) cualquier otro documento relacionado con la importación de el bien que exija la Parte importadora.

Artículo 4.04: Excepciones

Una Parte no deberá exigir un Certificado de Origen:

(a) para la importación de un bien cuyo valor no sobrepase USD1,000 dólares estadounidenses o un monto equivalente en su propia moneda, o un monto mayor que esa Parte haya establecido, con la salvedad de que dicha Parte podrá exigir que la factura que acompaña la importación incluya una declaración del exportador certificando que el bien califica como bien originario, o

(b) para la importación de un bien para el cual la Parte importadora haya dispensado el requisito de presentar un Certificado de Origen, a condición de que la importación no forme parte de una serie de importaciones que puedan razonablemente considerarse como efectuadas o planeadas con el propósito de evadir los requisitos de certificación establecidos en los artículos 4.02 y 4.03.

Artículo 4.07: Verificaciones de Origen

La aduana puede solicitar una verificación para garantizar que los bienes objeto de importación sean realmente originarios, para se establece el siguiente procedimiento en el TLC:

1. Para efectos de determinar si un bien importado a su territorio desde el territorio de la otra Parte califica como bien originario, una Parte podrá, a través de su Administración de Aduanas, efectuar verificaciones **recurriendo únicamente a los medios siguientes:**

    (a) cartas de verificación solicitando información al exportador o al productor del bien en el territorio de la otra Parte;

(b) cuestionarios escritos dirigidos al exportador o al productor del bien en el territorio de la otra Parte;

(c) visitas a las instalaciones de un exportador o productor en el territorio de la otra Parte, con el propósito de examinar los registros mencionados en el Artículo 4.06(1)(a) y de observar las instalaciones utilizadas en la producción del bien, o cualquier otro método que las Partes decidan.

2. Para efectos de verificar el origen de un bien, la Parte importadora podrá solicitar que el importador del bien obtenga y suministre **voluntariamente** la información escrita que haya sido proporcionada voluntariamente por el exportador o el productor del bien en el territorio de la otra Parte.

La Parte importadora no deberá considerar como incumplimiento o negación del importador de obtener y proporcionar esa información como incumplimiento del exportador o productor de proporcionar la información como fundamento para denegar el trato arancelario preferencial.

3. Cada Parte deberá conceder a un exportador o productor que reciba una carta de verificación de conformidad al párrafo 1(a) o un cuestionario de 1(b) un plazo no menor de 30 días contados a partir de la fecha de recepción de la carta o cuestionario para proporcionar la información y los documentos

exigidos o el cuestionario rellenado. A solicitud escrita del exportador o productor efectuada durante ese plazo, la Parte importadora podrá otorgar al exportador o productor una sola prórroga de ese plazo por un período no superior a 30 días como máximo.

4. Si el exportador o productor no proporciona la información y los documentos exigidos en una carta de verificación, o no devuelve el cuestionario debidamente rellenado en el plazo o plazo prorrogado establecido en el párrafo 3, la Parte importadora podrá denegar el trato arancelario preferencial al bien en cuestión de conformidad con los procedimientos establecidos en los párrafos 14, 15 y 16.

Tramitación en aduanas según el TLC
Perú-Panamá

Las Repúblicas de Panamá y el Perú también han suscrito un TLC, el cual busca incrementar las transacciones entre los dos países, veamos cuales son las regulaciones que se deben cumplir para acogerse a este tratado:

Reglas de Origen y Procedimientos de Origen
Sección A: Reglas de Origen

Artículo 3.1: Mercancías Originarias:
Salvo que se disponga algo distinto en este Capítulo, una mercancía es originaria cuando:

(a)   es totalmente obtenida o enteramente producida en el territorio de una Parte, según se define en el Artículo 3.2;

(b)   es producida en el territorio de una o ambas Partes, a partir de materiales no originarios, que cumplan con el cambio de clasificación arancelaria, el valor de contenido regional, u otras reglas de origen específicas contenidas en el Anexo 3 (Reglas de Origen Específicas); o

(d) es producida en el territorio de una o ambas Partes, a partir exclusivamente de materiales originarios, y cumplan con las demás disposiciones de este Capítulo.

Artículo 3.10: Juegos o Surtidos de Mercancías:

1. Si las mercancías son clasificadas como un juego o surtido como resultado de la aplicación de la Regla 3 de las Reglas Generales de Interpretación del Sistema Armonizado, el juego o surtido será considerado como originario **sólo si cada** mercancía en el juego o surtido es originaria, y tanto el juego o surtido como las mercancías cumplen con todos los demás requisitos aplicables de este Capítulo.

2. No obstante el párrafo 1, un juego o surtido de mercancías es originario, si el valor de todas las mercancías no originarias en el juego o surtido no excede el quince por ciento (15%) del valor FOB del juego o surtido.

Artículo 3.14: Transporte Directo:

1. Para que una mercancía originaria mantenga dicha condición, deberá ser transportada **directamente** entre las Partes.
2. Se considerará transporte directo de la Parte exportadora a la Parte importadora, cuando:

(a) la mercancía sea transportada sin pasar a través del territorio de un país no Parte; o

(b) la mercancía transite a través del territorio de uno o más países no Partes, con o sin transbordo o almacenamiento temporal en dichos países no Partes, siempre que:

(i) permanezca **bajo el control de las autoridades aduaneras** en el territorio de un país no Parte; y

(ii) no sufran ninguna operación distinta a la descarga, recarga, reembalaje, o cualquier otra operación a fin de mantenerlas en buenas condiciones.

3. El cumplimiento de las disposiciones establecidas en el párrafo 2 se acreditará mediante la presentación a la autoridad aduanera de la Parte importadora de:

(a) en el caso de tránsito o transbordo, los documentos de transporte, tales como la guía aérea, el conocimiento de embarque, o documentos de transporte multimodal, que certifiquen el transporte desde el país de origen a la Parte importadora, según sea el caso; o

(b) en el caso de almacenamiento, los documentos de transporte, tales como la guía aérea, conocimiento de embarque, o documentos de transporte multimodal, que certifiquen el transporte desde el país de origen a la Parte importadora, según sea el caso y los documentos emitidos por la autoridad aduanera del país donde se realiza el almacenamiento.

Procedimientos de Origen:
Artículo 3.15: Pruebas de Origen

1. Para los efectos de este Capítulo, los siguientes documentos se considerarán pruebas de origen para certificar que las mercancías califican como originarias de acuerdo con las disposiciones de este Capítulo:

(a) un Certificado de Origen, tal como se indica en el Artículo 3.16; o

(b) una Declaración de Origen, tal como se indica en el Artículo 3.17.

4. Las pruebas de origen a las que se refiere el párrafo 1, tendrán una validez de **un (1) año** desde la fecha de su emisión.

Artículo 3.16: Certificado de Origen

1. A fin de que las mercancías originarias califiquen para el trato arancelario preferencial, **al momento de la importación**, el importador deberá tener en su poder el **original** de un Certificado de Origen válido emitido sobre la base del formato establecido en el Anexo 3.16, y proporcionar una copia a la autoridad aduanera de la Parte importadora cuando ésta lo requiera.

2. **El exportador** de la mercancía deberá completar y presentar un Certificado de Origen a la entidad autorizada, la cual será la responsable de su emisión antes o al momento de la fecha de embarque de la mercancía hacia el exterior, así como también en los casos señalados en el párrafo 6.

3. El Certificado de Origen cubrirá una o más mercancías de un sólo embarque.

4. El exportador de la mercancía que solicita un Certificado de Origen deberá presentar todos los documentos necesarios que prueben el carácter originario de la mercancía en cuestión, según sea requerido por la entidad autorizada. Asimismo, el exportador debe comprometerse a cumplir los demás requisitos aplicables a este Capítulo.

5. En caso de robo, pérdida o destrucción de un Certificado de Origen, el exportador podrá solicitar por escrito a la entidad autorizada que lo emitió, una copia certificada del Certificado de Origen original, la misma que se hará sobre la base de la factura de exportación o cualquier otra prueba que hubiese servido como base para la expedición del Certificado de Origen original, que tenga en su poder el exportador. El duplicado emitido de conformidad con este párrafo deberá tener en el campo de observaciones la frase "COPIA

CERTIFICADA del Certificado de Origen original número.............. de fecha..............", con el fin de que el período de validez sea contabilizado desde el día señalado

6. No obstante el párrafo 2, un Certificado de Origen, en casos excepcionales, podrá ser emitido posterior a la fecha del embarque de la mercancía, siempre que:

(a) no fuera emitido antes o al momento del embarque debido a errores, omisiones involuntarias o cualquier otra circunstancia que pueda ser considerada justificada, siempre que no haya trascurrido más de un (1) año desde la exportación y el exportador entregue todos los documentos comerciales necesarios, así como la declaración de exportación endosada por la autoridad aduanera de la Parte exportadora; o

(b) se demuestra a satisfacción de la autoridad competente o entidad autorizada que el Certificado de Origen emitido inicialmente no fue aceptado al momento de la importación por razones técnicas.

(c) El período de vigencia debe mantenerse según lo indicado en el Certificado de Origen que se emitió originalmente.

En estos casos, se deberá indicar en el campo de observaciones del Certificado de Origen la frase "CERTIFICADO EMITIDO A POSTERIORI" debiendo indicar adicionalmente cuando se trate del supuesto señalado en el subpárrafo (b), el número y fecha del Certificado de Origen emitido originalmente.

7. Cuando el exportador de las mercancías no sea el productor, podrá solicitar la emisión de un Certificado de Origen sobre la base de:

(a) información proporcionada por el productor de la mercancía; o

(b) una declaración de origen entregada por el productor de las mercancías al exportador, señalando que las mercancías califican como originarias de la Parte exportadora.

8. Un exportador a quien se le ha emitido un Certificado de Origen notificará prontamente y por escrito a la autoridad competente de la Parte importadora, con copia a la entidad autorizada, a la autoridad competente de la Parte exportadora y al importador, cuando tenga conocimiento que las mercancías no califican como originarias.

Artículo 3.17: Declaración de Origen:

1. La Declaración de Origen mencionada en el Artículo 3.15.1 (b) podrá ser emitida, de conformidad con este Artículo, sólo por un exportador autorizado, tal como se dispone en el Artículo 3.18.

2. La Declaración de Origen podrá ser emitida sólo si las mercancías en cuestión son consideradas originarias de la Parte exportadora.

3. Cuando el exportador autorizado no sea el productor de la mercancía en la Parte exportadora, un Declaración de Origen para la mercancía podrá ser emitida por el exportador autorizado sobre la base de:

   a) Información proporcionada por el productor de la mercancía al exportador autorizado, o

   b) Una declaración entregada por el productor de la mercancía al exportador autorizado, señalando que la mercancía califica como originaria de la Parte exportadora

4. Un exportador autorizado estará preparado para presentar en cualquier momento, a solicitud de la autoridad competente de la Parte exportadora o, cuando sea aplicable, a la entidad autorizada de la

Parte exportadora, todos los documentos apropiados que demuestren que la mercancía para la cual se emitió la Declaración de Origen califica como originaria de la Parte exportadora.

5. El texto de la Declaración de Origen será el dispuesto en el Anexo 3.17. Una Declaración de Origen será emitida por un exportador autorizado, escribiendo a máquina, estampando o imprimiendo sobre la factura o cualquier otro documento comercial que describa a la mercancía en suficiente detalle como para permitir su identificación. La Declaración de Origen se considerará emitida en la fecha de emisión de dicho documento comercial.

6. Una Declaración de Origen deberá ser emitida por el exportador autorizado **antes o al momento de la fecha de embarque**.

7. Un exportador autorizado que haya emitido una Declaración de Origen notificará prontamente y por escrito a la autoridad competente de la Parte importadora, con copia a la autoridad competente de la Parte exportadora o, cuando sea aplicable, a la entidad autorizada de la Parte exportadora y al importador, cuando tenga conocimiento que la mercancía no califica como originaria.

Artículo 3.18: Exportador Autorizado

(a) La autoridad competente de la Parte exportadora o, cuando sea aplicable, la entidad autorizada de la Parte exportadora podrá autorizar a un exportador en dicha Parte a emitir declaraciones de origen como un exportador autorizado a condición de que el exportador, realice envíos frecuentes de mercancías originarias de la Parte exportadora;

(b) cuente con conocimiento suficiente y la capacidad para emitir declaraciones de origen de manera apropiada y cumpla con las condiciones establecidas en las leyes y reglamentos de la Parte exportadora; y

(c) entregue a la autoridad competente de la Parte exportadora o, cuando sea aplicable, a la entidad autorizada de la Parte exportadora, una declaración escrita en la que acepte total responsabilidad por cualquier declaración de origen que lo identifique, tal como si las hubiere firmado a mano.

1. La autoridad competente de la Parte exportadora o, cuando sea aplicable, la entidad autorizada de la Parte exportadora otorgará al exportador autorizado un número de autorización, el cual aparecerá en la

Declaración de Origen. No será necesario que la Declaración de Origen sea firmada por el exportador autorizado.

2. La autoridad competente de la Parte exportadora o, cuando sea aplicable, la entidad autorizada de la Parte exportadora se asegurará del uso apropiado de la autorización por el exportador autorizado.

3. La autoridad competente de la Parte exportadora o, cuando sea aplicable, la entidad autorizada de la Parte exportadora podrá revocar la autorización en cualquier momento. Deberá hacerlo de conformidad con las leyes y reglamentos de la Parte exportadora cuando el exportador autorizado deje de cumplir con las condiciones establecidas en el párrafo 1 o de otra forma haga un uso incorrecto de la autorización.

El TLC Perú Panamá, también prevé la posibilidad de solicitar la devolución de impuestos pagados sobre una mercancía que, al momento de su importación, tenía derecho a acogerse a sus beneficios y no lo hizo.

El término para solicitar esa devolución es de un (1) año, a partir de la fecha en que se realizó la misma.

Artículo 3.22: Reembolso de los Derechos de Aduana:

Cuando una mercancía originaria es importada al territorio de una Parte, sin que el importador de la mercancía haya solicitado el trato arancelario preferencial al momento de la importación, el importador podrá solicitar, a más tardar **un (1) año** después de la fecha de numeración o aceptación de la declaración aduanera de importación, el reembolso de cualquier derecho pagado en exceso, como resultado de no haber solicitado el trato arancelario preferencial, presentando a la autoridad aduanera:

(a) la Prueba de Origen, que deberá cumplir con las disposiciones establecidas en los Artículos 3.16 y 3.17; y

(b) otra documentación relacionada a la importación de la mercancía, de conformidad <u>con la legislación nacional de la Parte importadora.</u>

Los casos en los cuales NO es necesario presentar una prueba de origen y sin embargo, acogerse a los beneficios del TLC, son los siguientes:

Artículo 3.25: Excepciones a la Obligación de la Presentación de la Prueba de Origen

1.   Las Partes no requerirán una Prueba de Origen que demuestre que una mercancía es originaria cuando se trate de:

(a) una importación de mercancías cuyo valor en aduanas no exceda de mil dólares de Estados Unidos de América (US$ 1000) o su equivalente en moneda nacional o una cantidad mayor que la Parte establezca; o

(b) una importación de mercancías para las cuales la Parte importadora haya eximido el requisito de presentación de la Prueba de Origen.

2.   El párrafo 1 no se aplicará a importaciones, incluyendo las fraccionadas, que se efectúen o se pretendan efectuar con el propósito de evadir el cumplimiento de los requisitos de certificación de este Capítulo.

Artículo 3.28: Sanciones

Cada Parte mantendrá o adoptará sanciones penales, civiles o administrativas por infracciones relacionadas con las disposiciones de este Capítulo, conforme a su legislación nacional.

Artículo 3.29: Recursos de Revisión y Apelación

Cada Parte asegurará, respecto de sus actos administrativos relacionados con la determinación de origen, que los importadores, exportadores o productores tengan acceso a:

(a) un nivel de revisión administrativa independiente del funcionario o dependencia que dictó el acto administrativo; y

(b) un nivel de revisión judicial del acto administrativo.

Nota: Para estos efectos los recursos se deben presentar ante el Tribunal Aduanero.

Artículo 3.31: Facturación por un Tercer País:

Cuando se trate de una importación de mercancías originarias de conformidad con las disposiciones de este Capítulo, la factura que se presenta al momento de la importación **podrá** ser expedida por una persona ubicada en el territorio de un país no Parte.

En dicho caso, se deberá indicar el nombre legal completo del operador del país no Parte que emitió la factura en la casilla de observaciones del Certificado de Origen o en el caso que las mercancías estén amparadas por una Declaración de Origen, esta información deberá indicarse en la misma.

Artículo 3.34: Certificado de Reexportación:

1.   Las Partes reconocen que una mercancía que cumple con las condiciones de mercancía originaria, de conformidad con los acuerdos o tratados comerciales vigentes entre el Perú y **Costa Rica, El Salvador, Guatemala u Honduras**, que es reexportada desde la Zona Libre de Colón (Panamá) no perderá su estado de mercancía originaria por el solo hecho de haber sido transportada, almacenada o transbordada en dicha zona libre.

2.   Las mercancías procedentes de la Zona Libre de Colón deberán acompañarse de un Certificado de Reexportación que acredite la procedencia y el control sobre las mercancías emitido por las autoridades aduaneras de Panamá y validado por la autoridad administrativa de la Zona Libre de Colón. Este documento certificará que las mercancías permanecieron bajo control aduanero y no experimentaron cambios, ni sufrieron un procesamiento ulterior o cualquier otro tipo de operación distinta de aquellas necesarias para mantenerlas en buenas condiciones, de conformidad con los acuerdos o tratados comerciales mencionados en el párrafo 1.

3.   Las importaciones de mercancías amparadas con un Certificado de Reexportación que califiquen como

originarias, de conformidad con los acuerdos o tratados comerciales mencionados en el párrafo 1, no perderán la preferencia arancelaria concedida por la Parte importadora por el solo hecho de haber sido transportada, almacenada o transbordada en la Zona Libre de Colón.

4.   Para los efectos de la aplicación del párrafo 3, la Parte importadora podrá requerir, de conformidad con los acuerdos o tratados comerciales mencionados en el párrafo 1, la presentación de una Prueba de Origen (por ejemplo, un Certificado de Origen) expedida por alguno de los países exportadores mencionados en el párrafo 1, que se beneficiará del trato arancelario preferencial concedido por la Parte importadora.

5.   El Certificado de Reexportación que acredita la procedencia de la mercancía a que se refiere este Artículo, sólo se puede aplicar a las mercancías que califican como originarias con base a la Prueba de Origen emitida de conformidad con los acuerdos o tratados comerciales mencionados en el párrafo 1.

6.   Una factura relativa a una mercancía originaria exportada de conformidad con un acuerdo o tratado comercial mencionado en el párrafo 1, podrá ser emitida por un operador logístico establecido en la Zona Libre de Colón, siempre y cuando dicho

acuerdo o tratado permita la facturación en terceros países.

7.   Luego de dos (2) años de la entrada en vigor de este Tratado, las Partes reglamentarán, a través de las autoridades correspondientes de cada Parte, el reconocimiento del Certificado de Reexportación para mercancías originarias, de conformidad con sus respectivos acuerdos suscritos con terceros países, que dé cuenta del depósito y control de dichas mercancías en los casos de tránsito o transbordo de las mismas en la Zona Libre de Colón.

Tramitación de Importaciones de acuerdo con el Tratado de Libre Comercio Singapur-Panamá.

Sección A: Determinación de Origen
Artículo 3.1: Mercancías originarias

Para fines de este Tratado, las mercancías se considerarán originarias y elegibles para tratamiento preferencial si cumplen con los requerimientos de origen bajo una de las siguientes condiciones:

(a) mercancías producidas u obtenidas totalmente en el territorio de la Parte exportadora; o

(b) mercancías que no son producidas u obtenidas totalmente en el territorio de la Parte exportadora, siempre que dichas mercancías sean elegibles bajo el Artículo 3.3; o

(c) en cualquier otra forma dispuesta en este Capítulo.

Artículo 3.7: Accesorios, Repuestos, Herramientas

Cada Parte dispondrá que los accesorios, repuestos o herramientas entregadas con una mercancía, que forman parte de los accesorios, repuestos o herramientas usuales de dicha mercancía, serán tratados como mercancías originarias si la mercancía es una mercancía originaria y no se tomarán en cuenta para determinar si todos los materiales no originarios utilizados en la producción de la mercancía sufren el cambio correspondiente de clasificación arancelaria, siempre que:

(a) los accesorios, repuestos o herramientas no sean facturados en forma separada de la mercancía;

 (b) las cantidades y el valor de los accesorios, repuestos o herramientas sean los usuales para la mercancía; y

 (c) si la mercancía está sujeta a un valor de contenido calificador, el valor de los accesorios, repuestos y herramientas será tomado en cuenta como material originario o no originario, según sea el caso, al calcular el contenido de valor calificador de la mercancía.

Artículo 3.8: Materiales y Envases de Empaque para Venta al por Menor.

Cada Parte dispondrá que los materiales y envases de empaque en que una mercancía se presente para la venta al por menor, cuando estén clasificados junto con la mercancía que contienen, no se tomarán en cuenta para decidir si todos los materiales no originarios utilizados en la producción de la mercancía sufren el cambio aplicable en la clasificación arancelaria establecido en el Anexo 3A *(Reglas de Origen Específicas)* y, si la mercancía está sujeta a un valor de contenido calificador, el valor de dichos materiales y envases de empaque se tomará en cuenta como material originario o no originario, según sea el caso, para calcular el valor de contenido calificador de la mercancía.

Artículo 3.12: Transporte por un Tercer País.

Una mercancía no se considerará mercancía originaria si dicha mercancía es sometida a una producción ulterior o cualquier otra operación fuera de los territorios de las Partes, que no sea descarga, recarga, o cualquier otra operación necesaria para mantenerla en buenas condiciones o para transportar la mercancía al territorio de una Parte.

PROCEDIMIENTOS ADUANEROS

Artículo 4.1: Alcance
Este Capítulo se aplicará, de conformidad con las leyes, reglas y reglamentos de las Partes, a los procedimientos aduaneros requeridos para el despacho del comercio de mercancías entre las Partes.

Artículo 4.4: Administración de Riesgo

1. Las Partes adoptarán un enfoque de administración de riesgo en sus actividades aduaneras, basadas en la identificación de riesgo de las mercancías con el fin

de facilitar el despacho de embarques de bajo riesgo, mientras enfocan sus actividades de inspección en mercancías de alto riesgo.

2. Las Partes intercambiarán información referente a las técnicas de administración de riesgo en el desarrollo de sus procedimientos aduaneros.

Artículo 4.6: Certificación de Origen

1. Para los efectos de obtener trato arancelario preferencial en la otra Parte, una prueba de origen, en la forma de una certificación de origen, será completada y firmada por un exportador o productor de una Parte, certificando que la mercancía califica como una mercancía originaria para la cual un importador podrá solicitar trato preferencial al momento de la importación de la mercancía en el territorio de la otra Parte ("Certificación de Origen").

2. Para los efectos del párrafo 1, las Partes acordarán, a la fecha de entrada en vigencia de este Tratado, una lista que establezca los datos requeridos en la certificación de origen. Dicha lista podrá ser revisada en el futuro por mutuo acuerdo de las Partes.

3. Las Partes acuerdan que la certificación de origen no necesita estar en un formato preestablecido y que los datos para esta certificación de origen son los establecidos en el Anexo 4.6. (*Certificación de Origen*)

4. Cada Parte:

(a) requerirá que un exportador en su territorio complete y firme una certificación de origen para cualquier exportación de una mercancía para la cual un importador pueda solicitar trato arancelario preferencial al importar las mercancías en el territorio de la otra Parte; y

(b) dispondrá que cuando un exportador en su territorio no sea el productor de la mercancía, el exportador podrá completar y firmar una certificación de origen en base a:

(i) su conocimiento de si la mercancía califica como mercancía originaria;

(ii) su confianza razonable en la declaración escrita del

productor que la mercancía califica como una mercancía originaria; o

(iii) una certificación completada y firmada para la mercancía proporcionada voluntariamente al exportador por el productor.

5. Nada de lo dispuesto en el párrafo 4 será interpretado en el sentido de requerir a un productor

el proporcionar un certificado de origen a un exportador.

6. Cada Parte dispondrá que una certificación de origen que haya sido completado y firmado por un exportador o productor en el territorio de la otra Parte que sea aplicable a una única importación de una mercancía en el territorio de la Parte, será aceptada por su administración de aduanas por un período de 12 meses contados a partir de la fecha en la cual la certificación de origen fue firmada.

7. Para mayor certeza, la evaluación del mecanismo de certificación con el objetivo de verificar que dicho mecanismo responde a los intereses de ambas Partes, será realizada por la Comisión Administradora establecida de conformidad con el Artículo 17.1 (*Comisión Administradora del Tratado*).

Artículo 4.7: Excepciones a la Certificación de Origen

1. Sujeto a que una importación no forme parte de una serie de importaciones que puedan ser razonablemente consideradas como realizadas o arregladas con el propósito de evadir los requisitos de certificación, una Parte dispondrá que no se requerirá una certificación de origen en las siguientes instancias:

(a) importación de mercancías cuando el valor en aduanas no exceda US$1,000 o su equivalente en la moneda de la Parte importadora o un valor mayor establecido por la Parte, excepto que puede requerir que la factura venga acompañada de una declaración que certifique que la mercancía califica como una mercancía originaria; o

(b) importación de mercancías para las cuales la Parte importadora haya eximido del requisito de la certificación de origen.

Artículo 4.8: Obligaciones Relativas a las Importaciones

1. Salvo disposición en contrario en este Capítulo, cada Parte requerirá a un importador que solicite trato arancelario preferencial bajo este Tratado que:

(a) solicite trato arancelario preferencial al momento de la importación de un producto originario, tenga o no certificación de origen;

(b) presente una declaración escrita que la mercancía califica como mercancía originaria;

(c) tenga en su poder la certificación de origen al momento en que hace la declaración, si lo requiere la administración de aduanas de la Parte importadora;

(d) provea un original o una copia de la certificación de origen si fuera requerida por la administración de aduanas de la Parte importadora y, si fuera requerida por esa administración de aduanas, cualquier otra documentación relacionada con la importación del producto; y

(e) presente sin demora una declaración corregida y pague cualesquiera impuestos adeudados, cuando el importador tenga razones para creer que una certificación de origen sobre la cual se ha basado una declaración contiene información que no es correcta, antes que la autoridad competente note el error.

2. Una parte puede denegar trato arancelario preferencial bajo este Tratado a una mercancía importada si el importador no cumple con cualquier requisito establecido en este Artículo.

3. Cada Parte dispondrá, de conformidad con su legislación, que cuando una mercancía hubiera calificado como una mercancía originaria cuando fue importada en el territorio de esa Parte, el importador de la mercancía podrá, dentro de un período especificado por la legislación de la Parte importadora, aplicar para un reembolso de cualquier impuesto pagado en exceso, como resultado de que a la mercancía no se le haya otorgado trato preferencial.

Artículo 4.9: Requisito de Mantener Registros

1. Cada Parte dispondrá que un exportador y un productor en su territorio que complete y firme una certificación de origen mantendrá en su territorio, por tres años después de la fecha en la cual la

certificación de origen fue firmada o por un período más largo que la Parte pueda especificar, todos los registros relacionados con el origen de una mercancía para la cual se solicitó trato arancelario preferencial en el territorio de la otra Parte, incluyendo registros relacionados con:

(a) Compra de, costo de, valor de, envío de, y pago por, la mercancía que es exportada desde su territorio;

(b) Fuente de, compra de, costo de, valor de, transporte de y pago por todos los materiales, incluyendo materiales indirectos, usados en la producción de la mercancía que es exportada desde su territorio; y

(c) Producción de la mercancía en la forma en la que la mercancía es exportada desde su territorio.

2. Cada Parte dispondrá que un importador que solicita trato arancelario preferencial para una mercancía importada en el territorio de la Parte, mantendrá en ese territorio, por tres años después de la fecha de importación de la mercancía o por un período más largo que la Parte pueda especificar, dicha documentación, incluyendo una copia de la certificación de origen, que la Parte pueda requerir relacionada a la importación de la mercancía.

3. Los registros a ser guardados de conformidad con los párrafos 1 y 2 incluirán registros electrónicos y serán mantenidos de conformidad con la legislación nacional y las prácticas de cada Parte.

Artículo 4.10: Verificación de Origen

1. Para los efectos de determinar la autenticidad y la veracidad de la información provista en la certificación de origen para verificar la elegibilidad de mercancías para trato arancelario preferencial, la Parte importadora podrá, a través de su autoridad competente, conducir verificación mediante:
 (a) solicitudes de información al importador;
(b) solicitud de asistencia de la autoridad competente de la Parte exportadora, como se establece en el párrafo 2, más abajo;
(c) Cuestionarios escritos a un exportador o un productor en el territorio de la otra Parte a través de la autoridad competente;
(d) Visitas a las instalaciones de un exportador o un productor en el territorio de la otra Parte, sujeto al consentimiento del exportador o del productor, de conformidad con cualquier procedimiento relativo
a la verificación que las Partes adopten en forma conjunta; o
(e) Cualesquiera otros procedimientos que las Partes puedan acordar.

2. Para los efectos del párrafo 1(b), la autoridad competente de la Parte importadora:
(a) podrá solicitar a la autoridad competente de la Parte exportadora asistencia en:
(i) verificar la autenticidad de una certificación de

origen; y/o

(ii) verificar la exactitud de cualquier información contenida en la certificación de origen; y/o

(iii) conducir en su territorio algunas investigaciones o averiguaciones relacionadas, y emitir los informes correspondientes.

(b) Proveerá a la autoridad competente de la otra Parte:

(i) las razones por las cuales se solicita dicha asistencia;

(ii) la certificación de origen, o su copia; y

(iii) cualquier información y documentos que puedan ser necesarios para el propósito de proporcionar dicha asistencia.

3. En la medida de lo permitido por la legislación y prácticas nacionales, la Parte exportadora cooperará en cualquier acción para verificar elegibilidad.

4. Una Parte podrá denegar trato arancelario preferencial a una mercancía importada cuando:

(a) el exportador, productor o importador no responda a solicitudes escritas de información o cuestionarios dentro de un período de tiempo razonable; o

(b) luego de recibir una notificación escrita para una visita de verificación acordada entre las Partes importadora y exportadora, el exportador o productor no proporciona su consentimiento escrito

dentro de un período de tiempo razonable.

5. La Parte que conduce la verificación proporcionará, a través de su autoridad competente, al exportador o productor cuya mercancía es el objeto de la verificación, una determinación escrita sobre si la mercancía califica como una mercancía originaria, incluyendo las conclusiones de hecho y el fundamento legal para la determinación.

Artículo 4.11: Resoluciones Anticipadas

1. Cada Parte dispondrá la emisión de resoluciones anticipadas escritas, previa importación de una mercancía en su territorio, a un importador de la mercancía en su territorio o a un exportador o productor de la mercancía en la otra Parte, sobre si la mercancía califica como una mercancía originaria. La Parte importadora emitirá su determinación sobre el origen de la mercancía dentro de los 120 días de una solicitud para una resolución anticipada.

2. La Parte importadora aplicará una resolución anticipada a una importación en su territorio para la mercancía para la cual se emitió la resolución. Las administraciones de aduanas de ambas Partes podrán establecer un período de validez para una resolución anticipada de no menos de 2 años desde la fecha de su emisión.

3. La Parte importadora podrá modificar o revocar

una resolución anticipada:

(a) si la resolución se basó en un error de hecho;

(b) si ha habido un cambio en los hechos materiales o circunstancias sobre los cuales se basó la resolución;

(c) para que sea conforme a una modificación de este Capítulo; o

(d) para que sea conforme a una decisión judicial o un cambio en la legislación nacional.

4. Cada Parte dispondrá que cualquier modificación o revocatoria de una resolución anticipada será efectiva en el día en que la modificación o revocatoria es emitida, o en alguna fecha posterior que pueda ser especificada en ella, y no será aplicada a importaciones de una mercancía que hayan ocurrido antes de dicha fecha, a menos que la persona a quien se emitió la resolución anticipada no haya actuado de conformidad con sus términos y condiciones.

5. Sin perjuicio de lo establecido en el párrafo 4, la Parte emisora pospondrá la fecha efectiva de modificación o revocatoria de una resolución anticipada por un período que no exceda 90 días cuando la persona a quien se emite la resolución anticipada demuestre que se haya apoyado en esa resolución de buena fe y en su perjuicio.

Artículo 4.12: Sanciones

Cada Parte mantendrá sanciones penales, civiles o administrativas, aisladas o combinadas, para las violaciones de sus leyes y reglamentos relacionadas con este Capítulo.

Artículo 4.13: Revisión e Impugnación

1. Con respecto a las determinaciones relativas a la elegibilidad para trato preferencial o resoluciones anticipadas de conformidad con este Tratado, cada Parte dispondrá que los exportadores o productores de la otra Parte y los importadores en su territorio tengan acceso a:

(a) por lo menos una instancia de revisión administrativa de las determinaciones adoptadas por sus autoridades aduaneras independiente ya sea del funcionario o de la oficina responsable de la decisión bajo revisión; y

(b) revisión judicial3 de las decisiones adoptadas en la última instancia de la revisión administrativa.

Artículo 4.14: Confidencialidad

1. Nada de lo establecido en este Tratado será interpretado en el sentido de requerir a una Parte el proveer o permitir acceso a información confidencial,

cuya divulgación impediría la observancia de la ley, o sería de otra forma contraria al interés público, o la cual perjudicaría los intereses legítimos comerciales de empresas individuales, públicas o privadas.

3. Cada Parte mantendrá, de conformidad con su legislación nacional, la confidencialidad de la información recolectada de conformidad con este Capítulo y protegerá esa información de divulgación que pueda perjudicar la posición competitiva de las personas que proporcionan la información.

Artículo 4.15: Intercambio de Mejores Prácticas y Cooperación

1. Las Partes facilitarán las iniciativas para el intercambio de información relativa a mejores prácticas en relación a procedimientos aduaneros.

2. Cada Parte notificará a la otra Parte sobre las siguientes determinaciones, medidas y resoluciones, incluyendo, en la mayor medida posible, aquellas que son de aplicación futura:

(a) la determinación de origen emitida como resultado de una verificación llevada a cabo de conformidad con el Artículo 4.10, una vez las solicitudes de revisión e impugnación a las que se hace referencia en el Artículo 4.13, han sido agotadas;

(b) la determinación de origen que la Parte considere contraria a una resolución emitida por la autoridad aduanera de la otra Parte con respecto a la clasificación arancelaria o valor de una mercancía, o de los materiales utilizados en la producción de una mercancía;

(c) una medida estableciendo o modificando significativamente una política administrativa que probablemente afecte futuras determinaciones de origen; y

(c) una resolución anticipada o su modificación, de conformidad con el Artículo 4.11.

3. Las Partes se esforzarán por cooperar en los siguientes aspectos:

(a) para los efectos de facilitar el flujo de comercio entre sus territorios, en aquellas materias relacionadas con aduanas, tales como la recolección e intercambio de estadísticas relativas a la importación y exportación de mercancías incluyendo el intercambio de información sobre mercancías originarias; y

 (b) la recolección e intercambio de documentos sobre procedimientos aduaneros.

LISTA DE DATOS PARA EL CERTIFICADO DE ORIGEN

Los certificados de origen deben contener básicamente la misma información, con variantes mínimas de tratado a tratado, así tenemos que, de conformidad con las disposiciones establecidas en el Artículo 4.6.3, los datos para el certificado de origen del Perú, son los siguientes:

Nombre y dirección del exportador o productor:

Nombre legal completo, dirección (incluyendo ciudad y país), número de teléfono, y dirección de correo electrónico, si aplica, del exportador o productor(es). Establecer si el exportador es también el productor.

Nombre y dirección del importador:

Nombre legal completo, dirección (incluyendo ciudad y país), número de teléfono, y dirección de correo electrónico, si aplica, del importador.

Descripción de los productos o mercancías:

Esto conlleva una descripción completa de cada producto. La descripción debe contener suficiente detalle para relacionarla a la descripción de la factura

y a la descripción del producto en el Sistema Armonizado (SA). Si el certificado ampara un solo embarque de un producto, éste debe listar la cantidad y unidad de medida de cada producto, incluyendo el número de serie, si fuera posible, así como el número de factura, el número de orden de embarque, el número de orden de compra o cualquier otro número que pueda ser utilizado para identificar
los productos.

Número de Clasificación Arancelaria del SA

La clasificación arancelaria del SA a seis dígitos, salvo especificación en contrario en las Reglas de Origen, para cada producto.

Declaración de Preferencia

El exportador o productor de los productos amparados por este certificado de origen declara que estos productos cumplen con las Reglas de Origen del Tratado de Libre Comercio Panamá-Singapur.

Firma Autorizada

Esto incluye la fecha y firma del exportador o productor.

Nota: Solo el TPC USA-Panamá, permite que el certificado de origen sea confeccionado indistintamente por el exportador, embarcador o el importador. Todos los demás certificados solo pueden ser confeccionados por los exportadores y refrendados (sellados) por un ente estatal, señalado en el mismo tratado.

TRAMITACION DE ACUERDO CON EL TRATADO DE LIBRE COMERCIO MEXICO-PANAMA:

Artículo 4.18: Certificación de Origen

1. El certificado de origen y la declaración de origen tendrán un formato único establecido en el Anexo 4.18, el cual podrá ser emitido en forma escrita o electrónica. El certificado de origen deberá estar debidamente llenado de conformidad con su instructivo. Las Partes se comprometen a que una vez que cuenten con la infraestructura necesaria, se deberá poner en práctica la certificación electrónica.

2. El certificado de origen referido en el párrafo 1 servirá para certificar que una mercancía que se exporte del territorio de una Parte a territorio de la otra Parte califica como originaria. El certificado de origen tendrá una vigencia máxima de 1 año a partir de la fecha de su emisión.

3. El importador podrá solicitar trato arancelario preferencial basado en un certificado de origen emitido por la autoridad competente de la Parte exportadora, a solicitud del exportador.

4. Para los efectos de la emisión del certificado de origen, la autoridad competente revisará en su territorio la documentación que determina el carácter originario de las mercancías. Si la autoridad competente lo considera pertinente, se podrá solicitar cualquier evidencia de respaldo, efectuar visitas de inspección a las instalaciones del exportador o productor o realizar cualquier otro control que considere apropiado.

5. Cada Parte dispondrá que el certificado de origen podrá amparar:
(a) un solo embarque de una o varias mercancías al territorio de una Parte, o
(b) varios embarques de mercancías idénticas a realizarse dentro de cualquier período establecido en la certificación escrita o electrónica, que no exceda los 12 meses siguientes a la fecha de emisión.

Artículo 4.2: Mercancías Originarias

Una mercancía será considerada originaria cuando sea:

(a) obtenida en su totalidad o producida enteramente en el territorio de una o de ambas Partes, según se define en el Artículo 4.3;

(b) producida enteramente en el territorio de una o de ambas Partes a partir exclusivamente de materiales que califican como originarios de conformidad con este Capítulo;

(c) producida en el territorio de una o de ambas Partes a partir de materiales no originarios que cumplan los requisitos específicos de origen, según se especifica en el Anexo 4.2 y la mercancía cumpla con las demás disposiciones aplicables a este Capítulo; y además cumpla todas las demás disposiciones aplicables de este Capítulo.

Artículo 4.3: Mercancías Totalmente Obtenidas o Enteramente Producidas

Las siguientes mercancías serán consideradas totalmente obtenidas o enteramente producidas en el territorio de una Parte:

(a) plantas y productos de plantas cosechados o recolectados en el territorio de una Parte;

(b) animales vivos, nacidos y criados en el territorio de una Parte;

(c) mercancías obtenidas de animales vivos, nacidos y criados en el territorio de una Parte referidos en el subpárrafo (b);

(d) mercancías obtenidas de la caza, pesca o acuicultura en el territorio de una Parte;

(e) peces, crustáceos, moluscos y otras especies marinas obtenidas del mar o del lecho marino, fuera del territorio de una Parte, por embarcaciones registradas o matriculadas en una Parte y que enarbole la bandera de dicha Parte;

(f) mercancías producidas a bordo de barcos fábrica siempre y cuando estén registrados o matriculados en una Parte y que enarbolen la bandera de esa Parte, exclusivamente a partir de las mercancías señaladas en el subpárrafo (e);

(g) minerales y otros recursos naturales inanimados, extraídos del suelo, aguas, lecho o subsuelo marino en el territorio de una Parte;

(h) mercancías diferentes a los peces, crustáceos, moluscos y otras especies marinas vivas, obtenidas o extraídas por una Parte de las aguas, lecho o subsuelo marino fuera del territorio de una Parte, siempre que esa Parte tenga derechos para explotar dichas aguas, lecho o subsuelo marino de conformidad con el derecho internacional;

(i) desechos y desperdicios derivados de:

(i) operaciones de producción conducidas en el territorio de una Parte, o

(ii) mercancías usadas recolectadas en el territorio de una Parte, siempre que dichos desechos o desperdicios sirvan sólo para la recuperación de materias primas, y

(j) mercancías producidas en el territorio de una Parte exclusivamente a partir de las mercancías señaladas en los subpárrafos (a) al (i).

REGLAS DE ORIGEN ESPECÍFICAS
Sección A: Notas Generales Interpretativas

1. Un requisito de cambio de clasificación arancelaria es aplicable solamente a los materiales no originarios.

2. Cuando una regla de origen específica esté definida con el criterio de cambio de clasificación arancelaria, y en su redacción se exceptúen posiciones arancelarias a nivel de capítulo, partida o subpartida del Sistema Armonizado, se interpretará que los materiales correspondientes a esas posiciones arancelarias deberán ser originarios.

3. Los materiales exceptuados que se separan con comas y con la disyuntiva "o", deberán ser originarios para que la mercancía califique como originaria, ya sea que la misma utilice en su producción uno o más de los materiales contemplados en la excepción.

4. Cuando una partida o subpartida arancelaria esté sujeta a reglas de origen específicas optativas, será suficiente cumplir con una de ellas.

6. Cuando una regla de origen específica establezca para un grupo de partidas o subpartidas un cambio de partida o subpartida "fuera del grupo", se entenderá que el cambio de partida o subpartida que requiere la regla debe ocurrir desde una partida o subpartida que está fuera del grupo de partida o subpartidas especificadas en esa regla.

Artículo 4.11. Accesorios, Refacciones y Herramientas

1. Los accesorios, refacciones, herramientas y otros materiales de instrucción o información entregados con la mercancía, no se tomarán en cuenta para determinar si todos los materiales no originarios utilizados en la producción de la mercancía cumplen el correspondiente cambio de clasificación arancelaria, siempre que:

(a) los accesorios, refacciones, herramientas y otros materiales de instrucción o información estén clasificados con la mercancía y no se hayan facturado por separado, independientemente de que cada uno se identifique por separado en la propia factura, y

(b) las cantidades y el valor de dichos accesorios, refacciones, herramientas y otros materiales de instrucción o información sean los habituales para la mercancía.

2. Si una mercancía está sujeta a un requisito de valor de contenido regional, el valor de los accesorios, refacciones, herramientas y otros materiales de

instrucción o información descritos en el párrafo 1 serán considerados como materiales originarios o no originarios, según sea el caso, al calcular el valor de contenido regional de la mercancía.

Artículo 4.23: Excepciones a la Obligación de la Presentación del Certificado de Origen

1. Las Partes no requerirán un certificado de origen cuando se trate de:

(a) una importación de mercancías cuyo valor en aduanas no exceda la cantidad de mil dólares de los Estados Unidos de América (US$1,000.00) o su equivalente en moneda nacional de la Parte importadora o una cantidad mayor que la Parte importadora establezca, o

(b) una importación de mercancías para las cuales la Parte importadora haya eximido del requisito de presentación del certificado de origen.

2. El párrafo 1 no se aplicará a las importaciones, incluyendo las fraccionadas, que se efectúen o se pretendan efectuar con el propósito de evadir el cumplimiento de los requisitos de certificación de origen de este Capítulo.

Artículo 4.24: Facturación por un Operador de un Tercer País

1. Las mercancías que cumplan con los requisitos

aplicables de este Capítulo, mantendrán su carácter de originarias, aun cuando sean facturadas por operadores comerciales en un país no Parte.

2. En el certificado de origen deberá indicarse en el campo "Observaciones" cuando una mercancía sea facturada por un operador de un país no Parte.

Los trámites más comunes efectuados por los agentes corredores de aduanas tienen que ver con las declaraciones de aduana. Estas, de acuerdo con la Ley, deben ser transmitidas por vía electrónica desde la oficina del agente corredor de aduanas, al sistema informático de la Autoridad Nacional de Aduanas.

Para ello, todo agente corredor de aduanas debe solicitar a la aduana, a través de memorial, que se le otorgue una clave y contraseña que le permita acceder al sistema y cumplir así con la exigencia de la transmisión de sus declaraciones de aduana.

Al momento de que se le otorga su licencia de idoneidad, el agente corredor de aduanas queda sujeto a las obligaciones impuestas por todas las leyes y códigos de ética que nos rigen.

Entre las obligaciones más importantes están:

2. Ceñirse a la tabla de honorarios mínimos establecida en la ley 2 de 7 de enero de 2016. Los honorarios que cobre el agente corredor de

aduanas no pueden ser menores a los establecidos en la ley, sin embargo, si pueden ser mayores a la citada tabla.

3. No puede ser asalariado -empleado- de ninguna empresa, pública o privada, excepto en los casos en que se dedique a la enseñanza o sea electo a un cargo en estado (por elección popular, no nombramiento).

4. No puede vender los formularios de declaración de aduanas firmados en blanco.

Las conductas enumeradas son causales de la cancelación de la idoneidad profesional (licencia) del agente corredor de aduanas y son solo las más relevantes, existen otras conductas igualmente perseguidas y penalizadas en la Ley y los reglamentos.

Están igualmente obligados a registrar sus oficinas ante la Autoridad Nacional de Aduanas, a mantener en sus oficinas el equipo informático necesario para cumplir con las exigencias de la aduana.

El agente corredor de aduanas debe mantener un archivo físico de todas las declaraciones que tramite por un período de 4 años, según lo establece el Código Aduanero Uniforme Centroamericano (CAUCA). Este archivo, así como sus libros de contabilidad, facturación, y demás, debe estar disponible en todo momento para la aduana, la cual tiene la facultad de auditar y verificar los cobros de honorarios profesionales, pagos de impuestos y demás actividades realizadas por los agentes corredores de aduanas.

En ese sentido a continuación encontrará una recopilación de las reglamentaciones éticas que rigen nuestra profesión, de manera que sean conocidas y cumplidas por todos. En el entendimiento de que los profesionales que se conducen en sus labores con ética y dentro de la ley, nunca podrán ser señalados ni desplazados de su trabajo.

Los agentes corredores de aduanas generalmente forman pequeñas empresas familiares, que pasan de generación en generación, en ese sentido, el mejor legado que podemos dejar a nuestros hijos y a quienes siguen nuestros pasos es una trayectoria sin tacha y profesional.

Esta es también la mejor forma de defender nuestra profesión ante las amenazas internas y externas, que nunca faltarán.

REGLAMENTACIONES ÉTICAS OBLIGATORIAS PARA TODOS LOS AGENTES CORREDORES DE ADUANAS

ES PERMITIDO A TODOS REPRODUCIR LAS LEYES Y REGLAMENTOS Y DEMÁS ACTOS PÚBLICOS CON LA OBLIGACIÓN DE CONFORMARSE PUNTUALMENTE CON LA EDICION OFICIAL, SIN QUE LOS EDITORES QUEDEN AUTORIZADOS PARA ALTERAR LA ENUMERACIÓN AUTÉNTICA DE LAS EDICIONES LEGALES (ARTÍCULO 1941 DEL CÓDIGO ADMINISTRATIVO DE LA REPÚBLICA DE PANAMÁ).

Recopilación de: **Lic. Venancio E. Serrano P.**

Agente Corredor de Aduanas-Abogado

**"Quienes creen que el dinero
lo hace todo, terminan haciendo
todo por dinero."**

Voltaire

INTRODUCCIÓN

Como **deontología** se denomina la **ciencia que trata sobre el conjunto de deberes y principios éticos que conciernen a cada profesión, oficio o ámbito laboral.**

La deontología **fija las normas que rigen la conducta y el desempeño en la esfera profesional**, según las cuales se exige al profesional determinadas responsabilidades en relación con los actos ligados a su campo laboral. Como tal, es una ciencia aplicada al ámbito moral, que se enfoca en todas aquellas conductas y actuaciones que no están contempladas en el derecho ni sometidas al control de la legislación pública.

El propósito de la ética es la construcción de la base de valores que guiará la conducta del hombre, determinando su carácter, su altruismo y sus virtudes.

Toda actividad humana requiere de normas que delimiten la actuación de quienes la practican. Sin embargo, más allá de las leyes, la conducta y el cotidiano actuar humano, deben conducirse siempre dentro del marco del respeto a los demás y a sí mismo.

El actuar o no con ética siempre será una decisión del individuo, basada en los valores que a cada persona le hayan sido inculcados desde su formación en el seno hogareño, el compromiso que demuestre hacia la asociación o grupo del cual forme parte, hacia sí mismo en particular y regido por su propia conciencia.

El nivel de ética con que se conduzcan los Agentes Corredores de Aduanas en su labor diaria será su mejor arma para defender la profesión en contra de cualquier amenaza interna o externa que pretenda desmejorar nuestra situación y nos dará la fuerza moral para que nos respeten nuestros clientes y las autoridades, como los profesionales que somos.

Este trabajo es un resumen de las normas éticas que están obligados a cumplir todos los Agentes Corredores de Aduanas de la República de Panamá, agremiados o no a la Unión Nacional de Corredores de Aduanas de Panamá. Las Leyes, Decretos Leyes y demás citados aquí, pueden ser consultados en su totalidad en las gacetas oficiales que los publicaron.

Nuestra intención es dar a conocer sus derechos y obligaciones a todos los Agentes Corredores de Aduanas, esto es, darles a conocer las Leyes, Decretos Leyes, Decretos de Gabinete y Resoluciones que están vigentes y son de obligatorio cumplimiento, los cuales nos exigen conducirnos con ética y en estricto apego a la Ley en todas nuestras actuaciones, estos son:

1.- CODIGO DE ÉTICA:

DECRETO DE GABINETE N° 29
(De 18 de agosto de 2004)

(PUBLICADO EL MIERCOLES 25 DE AGOSTO DE 2004 G.O. N° 25,123)

"POR EL CUAL SE ADOPTA EL CODIGO DE ETICA Y CONDUCTA PARA LOS FUNCIONARIOS DE LA DIRECCION GENERAL DE ADUANAS, LOS INTERMEDIARIOS INVOLUCRADOS EN LA GESTION PÚBLICA ADUANERA Y LOS SUJETOS PASIVOS DE LA OBLIGACION ADUANERA".

DEFINICIÓN: Intermediarios de la Gestión Publica Aduanera: Las personas naturales o Jurídicas públicas o privadas que, sin ser Funcionarios de Aduana, habitualmente efectúan operaciones de carácter aduanero en nombre propio o en representación de terceros, ante cualquier aduana del país.

Se incluyen en este concepto: los Agentes Corredores de Aduana, los Transportistas, los Consolidadores y Desconsolidadores de Carga Internacional, los Depositarios Aduaneros, los

Operadores de Envíos Expresos o Couriers y los demás Intermediarios a quienes la ley o los decretos válidamente le otorguen esa condición.

CAPITULO II
OBJETIVOS Y AMBITO DE APLICACIÓN

Artículo 2. Objetivo Generales: Las disposiciones contenidas en el presente código tienen como objetivo:
a) Promover y mantener la confianza de la comunidad en la institución.
b) Aportar una guía, para que los Funcionarios de aduana y los intermediarios involucrados en la Gestión Pública Aduanera, realicen sus actividades con la máxima integridad y transparencia.
c) Promover una cultura de ética, que contribuya a la lucha contra la corrupción en las Aduanas.

Artículo 3. Ámbito de aplicación: Los principios y disposiciones contenidas en el presente código se aplican a los Funcionarios de Aduanas, los intermediarios de la Gestión Pública Aduanera y Sujetos Pasivos de la Obligación Tributaria Aduanera.

Artículo 4. Aplicación de otras disposiciones legales. La aplicación de los principios y disposiciones contenidas en el presente código, no excluye la aplicación de otras disposiciones en materia penal, administrativa o de control fiscal, así como aquellas dictadas en materia de trasparencia o conflictos de interés. Igualmente, la aplicación de este código no afecta la competencia y funciones que legalmente le corresponde a otros órganos

TITULO III
DE LOS INTERMEDIARIO
INVOLUCRADOS EN LA GESTION
PUBLICA ADUANERA

CAPITULO I
OBLIGACIONES DE LOS
INTERMEDIARIOS INVOLUCRADOS EN LA
GESTION PUBLICA ADUANERA

Artículo 28. Supletoriedad del presente Título: El presente Titulo se aplica solo cuando los contratos o la legislación que regula la relación con los intermediarios de la Gestión Publica Aduanera, no contemple las infracciones y las sanciones contenidas en el presente capitulo.

CAPITULO II
INFRACCIONES Y SANCIONES APLICABLES A INTERMEDIARIOS DE LA GESTION PÚBLICA ADUANERA

Artículo 35. Infracciones. La violación a los principios o el incumplimiento de las obligaciones contenidas en el capítulo anterior, configuran una infracción y serán sancionadas de acuerdo a las disposiciones del presente Capitulo.

Artículo 36. Clases de infracciones. Las infracciones se clasifican en:

1 Infracciones Leves, cuando la infracción de que se trate no pone en ' grave riesgo la reputación e imagen de la aduana no puede llegar a configurar una infracción criminal de acuerdo a la legislación interna;

2. Infracciones Graves, cuando la infracción de que se trate daña seriamente la imagen, credibilidad y reputación de la Aduana o cuando afecta gravemente los intereses económicos de la Aduana o del Estado.

Artículo 37. Infracciones Leves.

Constituyen infracciones leves las siguientes conductas:

1. Uso de lenguaje ofensivo en su relación con los Funcionarios de Aduanas o con sus colegas,

2. Incumplimiento negligente de medidas y procedimientos establecidos por la autoridad aduanera para asegurar la conservación y vigilancia de los Bienes siempre y cuando a causa de tal negligencia no se haya producido un perjuicio grave a la Aduana;

3. Incumplir negligentemente con el suministro de la información requerida por la Aduana;

4. Omitir o retardar negligentemente el despacho de los bienes a su cargo;

5. Asistir a la Aduana bajo los efectos del alcohol o estupefacientes, o consumir alcohol o sustancias prohibidas dentro de las oficinas de la Aduana;

6. Cualquier otra de similar naturaleza o pueda constituir un infracción leve de acuerdo a la definición contenida en el presente código.

Artículo 38. Infracciones Graves. Constituyen infracciones graves las siguientes:

1. Ofrecer directa o indirectamente a un

Funcionario de Aduanas cualquier Regalo o Beneficio por el cumplimiento o incumplimiento de sus funciones;

2. Asesorar, directa o indirectamente, a cualquier persona con el objeto de evadir la legislación aduanera.

3. Permitir o facilitar intencionalmente la violación de la Ley de Aduanas por cualquier persona.

4. Introducir intencionalmente información falsa en los registros o procedimientos seguidos ante la Aduanas, o emitir o suministrar certificaciones o información falsa en relación a los procedimientos aduaneros a su cargo

5. No reportar a la autoridad competente la información de que disponga sobre cualquier Violación a las Leyes de Aduanas, por parte de particulares involucrados en actividades Aduaneras o de Otros Funcionarios de Aduana;

6. Incumplir intencionalmente con las Leyes, Decretos, Resoluciones en materia aduanera

7. Utilizar, divulgar, en beneficio propio o de terceros, cualquier información adquirida en el

desarrollo de sus funciones y cuya confidencialidad es requerida por la naturaleza de la información conforme a la Ley;

8. Utilizar la información que hayan obtenido con ocasión de su cargo o presencia en la Aduana para fines ajenos a la Función Aduanera.

9. Usar, sustraer, alterar, destruir, ocultar o inutilizar documentos a los cuales tengan acceso en razón de su cargo en perjuicio de la aduana o de los particulares.

10. Adquirir, por si o por persona interpuesta, bienes que ingresan al país evadiendo el pago de los derechos o trámites ante la aduana.

11. Adquirir, por si o por persona interpuesta, bienes embargados o decomisados por la aduana en los casos prohibidos por este código;

12. Omitir o retardar intencionalmente el despacho de los asuntos a su cargo;

13. Ser condenado por delitos graves relacionados con la posesión o tráfico de sustancia prohibidas o por delitos relacionados con la Actividad Aduanera.

14. Permitir que las personas no autorizadas

hagan uso de claves de identificación asignadas por la Aduana.

Artículo 39. Tipos de sanciones. La violación de los principios o el incumplimiento de cualquiera de las obligaciones contenidas en el capítulo anterior, podrá ser sancionado mediante la aplicación de las siguientes sanciones:

a) Amonestación verbal ;

b) Amonestación escrita con anotación en el registro de los Particulares involucrados en la Actividad Aduanera que lleve a la Aduana.

c) Suspensión hasta por un máximo de un (1) año, de la inscripción, licencia, Registro o en general del acto en virtud del cual se autorizó el ejercicio su actividad ante la Aduana.

d) Cancelación de la inscripción, licencia o registro.

Parágrafo Primero: Las infracciones leves serán objeto de las sanciones contempladas en los literales a) o b) de este artículo.
Parágrafo Segundo: Las infracciones graves serán objeto de las sanciones contempladas en los literales c) o d) de este artículo.

Artículo 40. Medidas accesorias a la imposición

de una sanción. En lo que resulte Pertinente, se aplicaran las disposiciones previstas en el artículo 22 de presente código.

Artículo 41. Circunstancias agravantes. Sin perjuicio de los criterios que deberán tomarse en cuenta para determinar la gravedad de la infracción y la sanción correspondiente conforme a los, los literales b) a d) del artículo 22 del presente código, constituye causa agravante que el intermediario de la Gestión Publica Aduanera hubiere desempeñado en la Dirección de Aduanas posiciones jerárquicas de alto rango, con anterioridad al ejercicio de las actividades de carácter particular.

Artículo 42. Responsabilidad Civil. En lo que sea pertinente, se aplicaran las disposiciones previstas en el artículo 24 del presente código.

Artículo 43. Registro de Infracciones y sanciones. En lo que sea pertinente, se aplicaran las disposiciones previstas en el artículo 25 del presente código.

Artículo 44. Prescripción de la acción disciplinaria. En lo que sea pertinente, se aplicaran las disposiciones previstas en el artículo 26 del presente código.

TITULO V
DE LOS PROCEDIMIENTOS
CAPITULO
ORGANOS EJECUTORES DEL
PROCEDIMIENTO DISCIPLINARIO

Artículo 55. Órgano ejecutor de las normas contenidas en el presente código. El comité Disciplinario es el órgano encargado de velar por la aplicación del presente código y de. sustanciar los procedimientos disciplinarios aquí previstos.

Artículo 56. Órgano de Implementación. La Máxima Autoridad Aduanera, es el órgano encargado de implementar las decisiones del Comité Disciplinario.

Artículo 57. Composición del Comité Disciplinario. El comité Disciplinario estará conformado por:

a) Un representante de la institución Aduanera;

b) Un representante de los intermediarios de la Gestión Publica Aduanera ;

c) Un repréntate de los sujetos Pasivos de la Obligación Aduanera ;

d) Un representante de la sociedad civil, de notoria reputación.

Artículo 58: La designación de los miembros del Comité Disciplinario la hará la máxima autoridad de la Aduanera, previa presentación de ternas de cada uno de los representantes enunciados en los ordinales anteriores.

Artículo 59: En el caso de los Intermediarios de la Gestión Pública Aduanera y de los sujetos Pasivos, cada una de las categorías que conforman los mismos contaran con un representante elegido a través del mecanismo enunciado en el artículo anterior, quien actuara ante el Comité Disciplinario cuando la investigación respectiva esté relacionada con ese sector.

Artículo 60: El Comité Disciplinario, en todo momento estará conformado por el representante de la Aduana y la Sociedad Civil. El resto de sus integrantes actuaran de conformidad con lo establecido en el artículo anterior

Artículo 62: Funciones del Comité Disciplinario. El comité Disciplinario tiene las Siguientes Funciones:

1. Determinar la existencia de infracciones al represente código.

2. Investigar, conducir y administrar los procedimientos destinados a sancionar infracciones a este código.

3. Recomendar a la Máxima Autoridad Aduanera la imposición de las sanciones por infracciones al presente código;

CAPITULO II

ACCION DISCIPLINARIA

Artículo 64. Acción Disciplinaria. Es la potestad que tiene el Comité, para iniciar el proceso Disciplinario regulado en el presente código.

Artículo 65. Inicio de la Acción. El proceso disciplinario se iniciará por denuncia, de oficio o queja, quedando el Comité Disciplinario Obligado a darle curso a las mismas conforme a las disposiciones contenidas en el presente código. El proceso disciplinario debe iniciarse en un término máximo de 3 días a partir del recibo de la información, denuncia o queja.

2.- DECRETO LEY 1 de 13 de febrero de 2008 (CREA LA AUTORIDAD NACIONAL DE ADUANA)

CAPÍTULO II
AGENTE CORREDOR DE ADUANA

Artículo 39. Agente corredor de aduana. El agente corredor de aduana es el profesional auxiliar de la gestión pública aduanera, con licencia de idoneidad, autorizado por La Autoridad para actuar, en su carácter de persona natural, con las condiciones y requisitos establecidos en el presente Decreto Ley. Es el único autorizado para actuar por cuenta de terceros, ante cualquier oficina aduanera del país, en la confección, refrendo y trámite de las destinaciones aduaneras, así como para realizar las gestiones conexas concernientes a éstas.

Parágrafo. Se reconocen como licencias de idoneidad válidas, en los términos en que fueron concedidas, las de agentes corredores de aduana que se encuentren vigentes al momento de la promulgación del presente Decreto Ley.

Artículo 40. Certeza del contenido de lo declarado. Los agentes corredores de aduana darán fe, ante La Autoridad, sobre la información que registren en las declaraciones y los documentos que la sustentan, recibidas del consignatario. Todo ello, sin perjuicio de la verificación que pueden practicar los funcionarios de aduanas, en cualquier momento, para corroborar lo manifestado por el agente corredor de aduana. Si los documentos de despacho no permitan efectuar una declaración segura y clara, el agente corredor de aduana está en la obligación de subsanar tal anomalía y registrar el dato correcto, mediante el reconocimiento físico de las mercancías. La posición arancelaria que se indique en las citadas declaraciones formará parte del testimonio de fe.

Artículo 41. Sociedades de agencias de corredores para la prestación de los servicios. Solamente las personas naturales titulares de la licencia de agente corredor de aduana podrán constituirse en sociedades civiles para la prestación de los servicios calificados como propios de la profesión, según se establece en el presente Capítulo.

Las personas jurídicas así constituidas para prestar el servicio de agencia de corredores de aduana, además de cumplir con los requisitos legales exigibles al tipo de personería jurídica escogida para operar, deberán estar presididas y representadas únicamente por agentes corredores de aduana legalmente autorizados.

Artículo 42. Intervención de los agentes corredores de aduana. Se requerirá la intervención de los agentes corredores de aduana para el trámite de los distintos regímenes aduaneros, incluyendo las importaciones, ya sean temporales o definitivas, los regímenes suspensivos de derechos, salvo aquellos que los acuerdos internacionales o la propia ley excluyan de forma expresa.

Artículo 45. Obligaciones del agente corredor de aduana. Son obligaciones del agente corredor de aduana:

1. Actuar siempre en su carácter de agente corredor de aduana, en los trámites o gestiones aduanales representando a su comitente, en forma diligente y con estricto apego a la normativa aduanera y de comercio exterior vigente.

2. Tener oficinas registradas en La Autoridad.

3. Acreditar, ante La Autoridad, a los asistentes autorizados para auxiliarlo en los trámites y en todos los actos del despacho. El agente corredor de aduana será civilmente responsable por las acciones de sus asistentes en relación con todo acto que delegue en ellos.

4. Recibir anualmente un curso de actualización, impartido por La Autoridad o por quien ella reconozca como idóneo para dictarlo.

5. Emitir los dictámenes técnicos que le solicite La

Autoridad en interés de aclarar el aforo realizado.

6. No entregar a otro agente corredor de aduana los documentos que se le hayan confiado para la realización de un despacho aduanero, sin autorización expresa y por escrito de quien lo otorgó. No podrá endosar documentos de embarque que se encuentren consignados a su nombre, a propósito de realizar el trámite.

7. Declarar el nombre y domicilio del destinatario y del remitente de las mercancías, el número de Registro Único de Contribuyente del consignatario o consignante y el propio, así como la naturaleza y características de las mercancías y los demás datos relativos a la operación de comercio exterior en que intervenga, en los formatos correspondientes y documentos que se requieran o, en su caso, en el sistema informático adoptado por La Autoridad.

8. Formar un archivo con la copia de cada una de las declaraciones tramitadas por él, o grabar dichas declaraciones en los medios magnéticos que autorice La Autoridad con los siguientes documentos:

   a. La copia de la factura comercial.

   b. El conocimiento de embarque o guía aérea,

   c. Los documentos que comprueben el cumplimiento de las obligaciones en materia de regulaciones y restricciones no tributarias,

d. La comprobación del origen y procedencia de las mercancías, cuando corresponda,

e. La manifestación de valor en aduanas de las mercancías,

f. El documento en que conste la garantía, cuando se trate de mercancías con precio estimado por la autoridad aduanera.

La información señalada en estos literales deberá conservarse durante cinco años en la oficina principal del agente corredor de aduana, a disposición de La Autoridad Estos documentos podrán conservarse microfilmados o grabados, en algún medio magnético que señale la autoridad aduanera.

9. Presentar la garantía por cuenta de los importadores de la posible diferencia de contribución, en caso de que para La Autoridad sea notoriamente inaceptable el valor aduanero consignado en la factura comercial o en el documento en que se consigne tal valor, debidamente justificada, y siempre que el régimen que se aplique así lo requiera.

1. Aceptar las inspecciones que ordene La Autoridad, para comprobar que cumplen con sus obligaciones o para investigaciones determinadas, y brindar la información que se les requiera.

2. Observar el cumplimiento de las normas legales reglamentarias y de procedimientos que regulen los regímenes y operaciones aduaneras en los que intervengan.

3. Dar fe ante La Autoridad de la correcta declaración de cantidad, calidad y valor de las mercancías, en atención a la documentación recibida del consignatario.

4. Liquidar los tributos aduaneros aplicables a las mercancías objeto de importación, exportación u otros regímenes aduaneros, de acuerdo con las disposiciones legales respectivas.

5. **Cumplir con el Código de Ética y Conducta adoptado por La Autoridad** y con las normas de ética profesional que adopten las asociaciones de agentes corredores de aduana debidamente constituidos, previa aprobación de la Junta de Evaluación y Ética.

6. Llevar registro detallado de sus clientes, incluyendo dirección comercial, teléfonos, giro del negocio, nombre y generales de su representante legal y persona de contacto en la empresa.

7. Abstenerse de ejercer la profesión de agente corredor de aduana mientras sea asalariado en entidades públicas o privadas, nacionales o internacionales, salvo que el servicio se preste en razón de servicios pedagógicos o por un cargo de elección popular.

8. Aplicar los honorarios por la prestación de los servicios de agente corredor de aduana, según la tarifa de honorarios que se apruebe por reglamento, tarifa que en ningún caso podrá ser menor a la vigente al momento de ser promulgado el presente Decreto Ley. Mientras no se apruebe el nuevo reglamento, seguirá vigente la tarifa establecida en la Ley 41 de 1996.

Artículo 46. Derechos de los agentes corredores de aduana. Son derechos del agente corredor de aduana:

1. Ejercer las funciones para las que fue autorizado, conforme a la ley y a los reglamentos.

2. Designar a sus asistentes representantes ante las aduanas en las que actúe.

3. Suspender voluntariamente sus actividades, previa notificación a La Autoridad.

Las disposiciones reglamentarias emanadas del Consejo de Gabinete podrán incluir otros requisitos, derechos u obligaciones.

Artículo 50. Cancelación de la capacidad para el ejercicio de la profesión de agente corredor de aduana. La licencia para el ejercicio de la profesión de agente corredor de aduana será cancelada en los siguientes casos:

1. Por renuncia expresa del agente corredor de aduana.

2. Por no ajustarse a la tarifa de honorarios mínimos aprobada conforme al reglamento que se dicte en el desarrollo del presente Decreto Ley siempre que se compruebe que ya ha incurrido y ha sido sancionado previamente por la misma causa.

3. Por vender, ceder, traspasar o amparar con su firma formularios de declaración aduanera no confeccionados por su agencia.

4. Por actuación dolosa o negligencia inexcusable en el ejercicio de la profesión.

5. Por permitir que su clave de acceso al sistema informático aduanero sea utilizado por personas distintas de su propio personal asistente acreditado ante La Autoridad.

6. Por confeccionar o refrendar documento o declaración de mercancías sobre importación, exportación, reexportación, embarque, depósito, retiro y tránsito de mercancías y

demás artículos de comercio, de propiedad de personas o de empresas cuyo representante legal sean parientes suyos, dentro del cuarto grado de consanguinidad y segundo de afinidad.

7. Por haber sido condenado por delitos contra la administración pública, aduaneros, relacionados con la posesión o tráfico de sustancias prohibidas o de blanqueo de capitales.

8. Por comprobarse que ejerce simultáneamente como agente corredor de aduana siendo asalariado en entidades públicas o privadas, nacionales o internacionales, sin haber solicitado previamente la suspensión temporal de la licencia. Se exceptúan el ser asalariado en las propias agencias aduaneras y los servicios pedagógicos. Por muerte del agente corredor de aduana.

La cancelación de la licencia para ejercer como agente corredor de aduana a que hace referencia el presente artículo será decretada por el Director General de La Autoridad, por recomendación de la Junta de Evaluación y Ética, mediante resolución motivada.

Artículo 51. Exclusividad del ejercicio de agente corredor de aduanas. Se prohíbe a quien no tenga licencia de idoneidad de agente corredor de aduana, anunciarse como tal o bajo cualquier otra denominación que pueda entenderse así o efectuar trámites que están reservados para el ejercicio de dicha profesión.

La violación de esta disposición será sancionada con multa de entre quinientos a mil balboas en la vía administrativa.

Artículo 52. Suspensión de la licencia para ejercer como agente corredor de aduana. El agente corredor de aduana podrá solicitar a la Junta de Evaluación y Ética que se le suspenda temporalmente la licencia, en los siguientes casos:

1. Por enfermedad.

2. Por estudios.

3. Por ocupar cargos privados o cargos públicos, salvo los de elección popular.

4. Por otras razones debidamente fundamentadas que, a juicio de la Junta de Evaluación y Ética, deban ser concedidas.

La idoneidad del agente corredor de aduanas será suspendida temporalmente por el Director General, por faltas a la ética profesional o por ser investigado por la comisión de delitos mencionados en el numeral 7 del artículo 50 del presente Decreto Ley. La suspensión temporal ordenada por esta causa, será decretada mediante resolución motivada, la cual indicará el período de la suspensión.

3.-) Ley 26 de 17 de abril de 2013

"Que aprueba el Protocolo de Incorporación de la República de Panamá al Subsistema de Integración Económica del Sistema de la Integración Centroamericana"
(Entre otras cosas, adopta e incorpora a nuestra legislación el Código Aduanero Uniforme Centroamericano (CAUCA) y su reglamento (RECAUCA).
Publicado en la Gaceta Oficial # 27268B el 17 de abril de 2013.

CAUCA:
Artículo 21   Obligaciones Generales:

Los Auxiliares tendrán, entre otras, las obligaciones siguientes:

a) llevar registros de todos los actos, operaciones y regímenes aduaneros en que intervengan, en la forma y medios establecidos por el Servicio Aduanero;

b) conservar y mantener a disposición del Servicio Aduanero, los documentos y la información relativa a su gestión, por un plazo de cinco años[1]; exhibir, a requerimiento del Servicio Aduanero, los libros de contabilidad, sus anexos, archivos, registros contables y cualquier otra información de trascendencia tributaria o aduanera y los archivos electrónicos, soportes magnéticos o similares que respalden o contengan esa información;

c) transmitir electrónicamente, las declaraciones aduaneras e información complementaria relativa a los actos, operaciones o regímenes aduaneros en que participen;

d) cumplir con los formatos y procedimientos para la transmisión electrónica de datos, siguiendo los requerimientos de integración con los sistemas informáticos utilizados por el Servicio Aduanero;

e) comprobar las condiciones y estados de los embalajes, sellos, precintos y demás medidas de seguridad de las mercancías y medios de transporte y comunicar inmediatamente al Servicio Aduanero cualquier irregularidad, cuando les corresponda recibir, almacenar o transportar mercancías;

f) rendir y mantener vigente la garantía de operación, cuando esté obligado a rendirla (**EN PANAMÁ NO SE EXIGE**)

g) presentar anualmente certificación extendida por las autoridades competentes de que se encuentran al día en el pago de sus obligaciones tributarias;

h) cumplir los requisitos legales y administrativos a que estén sujetos los trámites, operaciones y regímenes aduaneros en que intervengan;

i) acreditar ante el Servicio Aduanero a los empleados que los representarán en su gestión aduanera;

j) velar por el interés fiscal;

k) mantener oficinas en el Estado Parte y comunicar al Servicio Aduanero el cambio de su domicilio fiscal, de sus representantes legales y cualquier otra información suministrada que requiera su actualización; y,

l) en el caso de personas jurídicas, acreditar y mantener ante el Servicio Aduanero, para todos los efectos, un representante legal o apoderado con facultades de representación suficientes.

m)

La garantía a que se refiere el inciso g) del presente artículo será determinada, fijada y ajustada de conformidad con los parámetros establecidos por el Reglamento.

CONCORDANCIA Anexo General capítulo 3, 5, 8. (Convenio de Kyoto revisado) Artículo 70 RECAUCA

Artículo 22: Agente aduanero

El agente aduanero es el Auxiliar autorizado para actuar habitualmente, en nombre de terceros en los trámites, regímenes y operaciones aduaneras, en su carácter de persona natural, con las condiciones y requisitos establecidos en este Código y su Reglamento. **CONCORDANCIA: Anexo General capítulo 8 Norma 8.2 (Convenio de Kyoto revisado) Artículos 76, 77, 78, 79, 80, 81, 82, 83, 84, 85, 86, 87, 88, 89, 90, 91, 92, 93, 94, 95, 96, 97, 98 RECAUCA.**

La autorización para operar como agente aduanero es **personal e intransferible**. Únicamente podrá hacerse representar por sus asistentes autorizados por el Servicio Aduanero. **CONCORDANCIA: Artículo 89 RECAUCA.**

La intervención del agente aduanero o sus asistentes en los trámites, regímenes y operaciones aduaneras, será regulada por el Reglamento.

RECAUCA:

Artículo 89. Carácter personal de la autorización. La autorización para operar como agente aduanero es personal e intransferible y de duración indeterminada. Únicamente podrá hacerse representar por sus asistentes autorizados, de acuerdo con los requisitos y para las funciones legalmente establecidas por el Servicio Aduanero.

CC. Articulo 22 2° párrafo CAUCA.

Artículo 90. Representación legal.

El agente aduanero es el representante legal de su mandante para efectos de las actuaciones y notificaciones del despacho aduanero y los actos que de éste se deriven.

La declaración de mercancías presentada o transmitida en forma electrónica por un agente aduanero se presumirá efectuada con consentimiento del titular o de quien tiene la libre disposición de las mercancías. La misma presunción se aplicará para el caso del apoderado especial aduanero, y del transportista aduanero cuando corresponda.

CC. Articulo 22 CAUCA.

Artículo 91. Responsabilidad.

El agente aduanero será solidariamente responsable con el declarante ante el Fisco en los términos del Artículo 23 del Código.

CC. Articulo 23 CAUCA.

Artículo 92. Sustitución.

Una vez aceptada la declaración de mercancías, el poderdante no podrá sustituir el mandato conferido al agente aduanero, salvo por motivos de fuerza mayor debidamente comprobados y aceptados por la autoridad superior del Servicio Aduanero.

CC. Articulo 22 CAUCA.

Artículo 93. Subrogación.

El agente aduanero que realice el pago de derechos e impuestos, intereses, multas y demás recargos por cuenta de su mandante, se subrogará en los derechos privilegiados del Fisco por las sumas pagadas.

Para ese efecto, la certificación del adeudo expedida por la autoridad superior del Servicio Aduanero constituirá título ejecutivo para ejercer cualquiera de las acciones correspondientes.

CC. Articulo 22 CAUCA.

Artículo 94. Cese definitivo de operaciones.

Cuando el agente aduanero solicite voluntariamente el cese definitivo de sus operaciones deberá comunicarlo al Servicio Aduanero para su autorización, con un mes de anticipación al cierre.

CC. Articulo 22 CAUCA.

Articulo 96 RECAUCA.

Artículo 95. Cese temporal de operaciones.

Cuando el agente aduanero solicite voluntariamente el cese temporal de sus operaciones deberá comunicarlo al Servicio Aduanero para su autorización. Cuando sea por un plazo menor o igual de tres meses deberá comunicarlo con al menos ocho días hábiles de anticipación. Cuando sea un plazo mayor de tres meses deberá comunicarlo con al menos quince días hábiles de anticipación.

CC. Articulo 22 CAUCA

Articulo 96 RECAUCA.

Artículo 98. Asistentes del agente aduanero.
Para los efectos de lo establecido en el tercer párrafo del Artículo 22 del Código, el agente aduanero deberá acreditar ante el Servicio Aduanero a las personas que los representarán en su gestión aduanera. **Para tal efecto, deberá demostrar el contrato laboral existente y cumplir con los demás requisitos que el Servicio Aduanero de cada Estado Parte establezca.**

El agente aduanero deberá informar al Servicio Aduanero, inmediatamente del cese de la relación laboral o contractual de las personas acreditadas.

A los asistentes del agente aduanero les será aplicable la inhabilitación establecida en los literales a) y c) del Artículo 67 de este Reglamento.

CC. Articulo 22 3° párrafo CAUCA
Articulo 67 RECAUCA.

"No robaremos, ni mentiremos, ni haremos trampa, ni permitiremos entre nosotros a nadie que lo haga".

Código de Honor de la Academia de la Fuerza Aérea de Estados Unidos.

Venancio E. Serrano P.
(Biografía)

Nace en Potrerillos Arriba, Chiriquí en abril de 1963, donde cursa estudios primarios, sus estudios secundarios los realiza en el Instituto Militar General Tomás Herrera y universitarios en la Universidad de Panamá, dónde obtiene los grados de Técnico en Administración de Aduanas en 1989, de Licenciado en Administración Pública Aduanera en 2002 y en la Universidad del Istmo, en la que obtuvo los grados de Licenciado en Derecho y Ciencias Políticas y Post Grado en Docencia Superior.

Ha recibido múltiples capacitaciones, entre las cuales sobresalen: Técnicas Aduaneras en el Reino del Japón, cumplimiento de la Ley en el extranjero por el Servicio de Aduanas de los Estados Unidos y diferentes cursos a través de la extinta Dirección General de Aduanas del Ministerio de Hacienda y Tesoro de Panamá.

Es miembro de la Unión Nacional de Corredores de Aduanas y del Colegio Nacional de Abogados y Alumni de la Agencia de Cooperación del Japón (JICA). Actualmente ejerce como Agente Corredor de Aduanas y Abogado.

Made in the USA
Columbia, SC
17 October 2023

24196874R00163